七彩童书

QICAITONGSHUFAN

小童话大道理

中国孩子喜爱的珍藏读本

XIAO TONGHUA DA DAOLI

幼狮文化 编

浙江少年儿童出版社 · 杭州

编者的话

给孩子一个七彩的童年

童年是人生中最天真烂漫、最美好珍贵的时光。在这段时光里，阅读更是不容错过的人生经历。许多年后，当孩子们回忆起童年时光，在心灵的某一个角落，会有一种特别的感受让他们心生温暖，久久回味。

那是一种感动，是童年阅读所产生的纯真而美好的感动。稚嫩的童心如此敏感，它能将自己所感受到的丝丝震颤都深深铭刻在记忆的神经上，生发出许多快乐、忧伤、开心、苦恼的情绪，渲染着孩子们心灵的天空，并幻化出恒久的五彩斑斓。哪怕岁月流逝，孩子们已经日渐长大，这一份感动依然会深深地留存心底，以至影响他们的整个人生。

那些能让童年产生久远的感动、在记忆中留下难以磨灭的痕迹的童话和故事，文字优美，内涵丰富，充满想象力，就像天幕中闪亮的星星，永恒闪耀在孩子的心灵里，为他们送上快乐、友善、智慧、诚信、勇敢、坚强、希望……

这是一些曾经不朽、再过很多很多年依旧不朽的故事。这些故事一经阅读，便会深深植根于孩子们的脑海中，成为一种永久的记忆。

流传久远、讲述古老神奇故事的《一千零一夜》《神话故事》，语言优美、童趣盎然的《安徒生童话》《格林童话》，给予孩子智慧与启迪的《伊索寓言》《三十六计》和《新十万个为什么》，培养孩子优秀个性品质的《男孩故事》《女孩故事》和《感恩故事》，传承中华文化精髓的《唐诗三百首精选》《国学启蒙》和《儿歌三百首精选》，妙趣横生、百读不厌的古典四大名著，充满想象、奇幻有趣的长篇童话故事《绿野仙踪》《爱丽丝漫游奇境记》和《木偶奇遇记》……都是孩子们书架上的珍宝，陪伴着一代又一代儿童度过快乐的时光。朗朗上口的语言，生动有趣的故事，丰富的知识，优美的意境，让孩子们不仅能从中领略到语言文字的丰富表现力，还可以感受到其中的情感和思想内涵，在不知不觉中增长智慧，接受美的熏陶。

经典是永恒的，与美图共享，将演绎出别样的精彩。精致的图画，呈现出多样的色彩和灵动的线条，在孩子们眼前铺展开一个童话般美丽、神话般奇妙的世界，以有限的画面给孩子无限的空间去放飞想象。许多年以后，也许他们仍然记得，曾经有一幅富有创意的图画、一种感人的色调，吸引过自己的视线，在自己心里埋下过一颗梦想的种子。

美妙、高贵、多彩的经典，与孩子纯真的天性如此契合。在愉快的阅读中，孩子们将变得快乐、聪明和高尚。爱孩子，就给孩子一个快乐的七彩童年吧！

目录

七彩童书坊

微笑

sēn lín de zhōng yāng yǒu piàn lǜ yóu yóu de cǎo dì
森林的中央有片绿油油的草地。

yī tiān xià wǔ bù zhī cóng nǎr lái le sān gè dài bái sè chú shī
一天下午，不知从哪儿来了三个戴白色厨师
mào de xiǎo ǎi rén tā men zài cǎo dì shang pū kāi dà dà de bái sè zhuō bù
帽的小矮人。他们在草地上铺开大大的白色桌布，
bǎi mǎn le yī pán yòu yī pán de diǎn xin yǒu qiǎo kè lì dàn gāo méi gui xiàn
摆满了一盘又一盘的点心，有巧克力蛋糕、玫瑰馅
xiǎo tián bǐng cǎo méi bù dīng nán guā nuò mǐ bǐng nǎi yóu pào fú qiú
小甜饼、草莓布丁、南瓜糯米饼、奶油泡芙球……

mài diǎn xin yo xiāng pēn pēn de diǎn xin yo tián mì mì de diǎn xin
“卖点心哟，香喷喷的点心哟，甜蜜蜜的点心

yo xiǎo ǎi rén men yī biān kuài huo de yāo he zhe yī biān bǎ yī miàn jīn
哟。”小矮人们一边快活地吆喝着，一边把一面金
sè mó jìng shù zài cǎo dì shang bù shōu qián zhǐ shōu yī gè wēi xiào
色魔镜竖在草地上，“不收钱！只收一个微笑！”

yī huìr gōng fu jiù yǒu yī dà qún dòng wù wéi le shàng lái
一会儿工夫，就有一大群动物围了上来。

tù zi luó bǐ dì yī gè zhàn zài xiǎo ǎi rén de mó jìng qián liě kāi
兔子罗比第一个站在小矮人的魔镜前，咧开
sān bàn zuǐ wēi xiào
三瓣嘴微笑。

yī gè tián tián de wēi xiào jiù xiàng nǎi táng yī yàng shōu xià la
“一个甜甜的微笑，就像奶糖一样！收下啦！”
mó jìng shuō
魔镜说。

dì èr gè zhàn zài mó jìng qián wēi xiào de shì huàn xióng ā nán
第二个站在魔镜前微笑的是浣熊阿南。

yī gè nuǎn nuǎn de wēi xiào jiù xiàng chūn tiān de yáng guāng shōu xià
“一个暖暖的微笑，就像春天的阳光！收下
la mó jìng shuō
啦！”魔镜说。

dì sān gè zhàn zài mó jìng qián wēi xiào de shì yě māo wēi lā
第三个站在魔镜前微笑的是野猫微拉。

yī gè càn làn de wēi xiào jiù
“一个灿烂的微笑，就
xiàng yǔ hòu de cǎi hóng shōu xià la
像雨后的彩虹！收下啦！”

rán hòu shì mián yáng duǒ duǒ yī
然后是绵羊朵朵。“一
gè wēn róu de wēi xiào jiù xiàng fēngr chuī
个温柔的微笑，就像风儿吹

qǐ xiǎo hú de lián yī shōu xià la

起小湖的涟漪！收下啦！”

rán hòu shì huā lì shǔ běi běi yī gè tiáo pí de wēi xiào jiù xiàng

然后是花栗鼠北北。“一个调皮的微笑，就像

shǎn liàng shǎn liàng de xiǎo xīng xing shōu xià la

闪亮闪亮的小星星！收下啦！”

suǒ yǒu bèi shōu xià wēi xiào de dòng wù dōu kāi xīn de wéi zuò zài dà zhuō

所有被收下微笑的动物都开心地围坐在大桌

bù shang fàng kāi dù pí chī le gè tòng kuài huān kuài jí le

布上，放开肚皮吃了个痛快。欢快极了！

hú li pí pí huī láng tú tú hé lǎo hǔ ā mù yě xìng chōng chōng de

狐狸皮皮、灰狼图图和老虎阿木也兴冲冲地

pǎo lái le kě shì xiǎo ǎi rén de mó jìng què bù kěn shōu xià tā men de wēi xiào

跑来了。可是，小矮人的魔镜却不肯收下他们的微笑。

yī gè jiǎ xīng xīng de wēi xiào mó jìng duì hú li

“一个假惺惺的微笑，”魔镜对狐狸

pí pí shuō jiù xiàng bō li jiǎ zhuāng chéng

皮皮说，“就像玻璃假装成

zuàn shí bù néng shōu

钻石！不能收！”

“一个假惺惺的微笑，”魔镜对灰狼图图说，“就像气球假装成月亮！不能收！”

“一个假惺惺的微笑，”魔镜对老虎阿木说，“就像棉花假装成云朵！不能收！”

狐狸皮皮、灰狼图图和老虎阿木试了一次又一次，可他们的微笑怎么也不合魔镜的心意。

太阳落山啦，美味的点心被吃光了，动物们吃得肚皮圆滚滚的，都高高兴兴地回家了，小矮人们收拾好桌布和魔镜，一眨眼的工夫也消失了。绿油油的草地上，只剩下狐狸皮皮、灰狼图图和老虎阿木在大哭。他们哭得那么伤心，并不是因为没吃到点心，而是因为他们把发自内心的微

xiào nòng diū le zhǐ shèng xià jiǎ xīng xīng de wēi xiào
笑弄丢了，只剩下假惺惺的微笑。

tā men zhēn hòu huǐ zì jǐ zhěng tiān dōu zhǐ xiǎng zhe zěn me qù qī fu xiǎo
他们真后悔自己整天都只想着怎么去欺负小

dòng wù yī dìng shì yīn wèi huài niàn tou tài duō cái huì bǎ wēi xiào nòng diū le
动物。一定是因为坏念头太多，才会把微笑弄丢了。

zhí dào yè sè jiàng lín yuè liang shēng qǐ lái pí pí tú tú hé ā
直到夜色降临，月亮升起来，皮皮、图图和阿

mù cái tíng zhǐ le kū qì tā men jué dìng cóng míng tiān kāi shǐ yī dìng yào
木才停止了哭泣。他们决定，从明天开始，一定要

bǎ wēi xiào zhǎo huí lái yī dìng
把微笑找回来！一定！

（文/吕丽娜）

童话中的道理

真诚的微笑才能使生活充满快乐。皮皮、图图和阿木没有了坏念头，就一定可以把微笑找回来，把快乐找回来。

如果你有一块钱

dà sēn lín de páng biān yǒu jiā xiǎo xiǎo de zá huò diàn měi tiān bàng
　　大森林的旁边，有家小小的杂货店。每天傍
wǎn děng dào diàn zhǔ lǎo yé ye suǒ hǎo diàn mén lí kāi jiù yǒu sān zhī xiǎo
晚，等到店主老爷爷锁好店门离开，就有三只小
xióng cóng dà sēn lín li liū guò lái tā men yī miàn tòu guò zá huò diàn tòu
熊从大森林里溜过来。他们一面透过杂货店透
míng de bō li chuāng wǎng lǐ qiáo yī miàn wán zì jǐ fā míng de yóu xì rú
明的玻璃窗往里瞧，一面玩自己发明的游戏“如
guǒ nǐ yǒu yī kuài qián
果你有一块钱”。

rú guǒ nǐ yǒu yī kuài qián xiǎo xióng nǐ zuì xiǎng mǎi shén me kàn
　　“如果你有一块钱，小熊，你最想买什么？”看
zhe diàn lǐ miàn de shāng pǐn sān zhī xiǎo xióng yī qǐ chàng dào
着店里面的商品，三只小熊一起唱道。

wǒ yào nà zhī pàng tuó luó zhuàn ya
“我要那只胖陀螺，转呀，
zhuàn ya lè hē hē dì yī zhī xiǎo xióng chàng dào
转呀，乐呵呵。”第一只小熊唱道。

wǒ yào yī dài shuǐ guǒ táng bō luó wèi
“我要一袋水果糖，菠萝味
de shí kē píng guǒ wèi de shí kē dì èr zhī xiǎo xióng
的十颗，苹果味的十颗。”第二只小熊
chàng dào
唱道。

wǒ yào nà ge huā pí qiú kě yǐ pāi kě yǐ gǔn kě yǐ
“我要那个花皮球，可以拍，可以滚，可以
tī kě yǐ dǐng wán fǎ duō yòu duō dì sān zhī xiǎo xióng chàng dào
踢，可以顶，玩法多又多。”第三只小熊唱道。

sān zhī xiǎo xióng měi tiān dōu lái wán rú guǒ nǐ yǒu
三只小熊每天都来玩“如果你有
yī kuài qián měi tiān tā men mǎi de dōng xi dōu bù
一块钱”，每天他们“买”的东西都不
yī yàng suī rán tā men shéi yě méi yǒu yī kuài qián
一样。虽然，他们谁也没有一块钱，
kě tā men zǒng shì hěn kuài huo
可他们总是很快活。

yī tiān zǎo chen sān zhī xiǎo xióng xǐng lái fā xiàn tā men de shù dòng li
一天早晨，三只小熊醒来，发现他们的树洞里
tǎng zhe sān méi liàng jīng jīng de yī kuài qián yìng bì
躺着三枚亮晶晶的一块钱硬币！

yī dìng shì shù jīng lǎo yé ye sòng gěi wǒ men de
“一定是树精老爷爷送给我们的！”
bù duì shì xiǎo xiān nǚ sòng de
“不对，是小仙女送的！”

shì wū pó sòng de
“是巫婆送的！”

hā hā shì shéi sòng
哈哈，是谁送

de bù zhòng yào zhòng yào de shì
的不重要，重要的是，

xiàn zài měi zhī xiǎo xióng dōu zhēn
现在每只小熊都真

de yǒu le yī kuài qián tā
的有了一块钱。他

men lè de yòu chàng yòu tiào
们乐得又唱又跳：

rú guǒ nǐ yǒu yī kuài qián
“如果你有一块钱，

xiǎo xióng nǐ zuì xiǎng mǎi shén me
小熊，你最想买什么？”

wǒ yào mǎi kē bō li qiú yáng guāng yī
“我要买颗玻璃球，阳光一

zhào cǎi hóng jiù lái dào
照，彩虹就来到。”

wǒ yào mǎi bǎ xiǎo sháor hǎo bǎ fēng mì yǎo
“我要买把小勺儿，好把蜂蜜舀。”

wǒ yào yī miàn xiǎo jìng zi hǎo bǎ zì jǐ de yàng zi zhào yī zhào
“我要一面小镜子，好把自己的样子照一照。”

sān zhī xiǎo xióng jǐn jǐn wò zhù yìng bì xiàng lǎo yé ye de zá huò
三只小熊紧紧握住硬币，向老爷爷的杂货

diàn pǎo qù bàn lù shang tā men yù dào le xuě rén lā lā xuě rén
店跑去。半路上，他们遇到了雪人拉拉。雪人

lā lā dā la zhe nǎo dai kàn shàng qù yǒu qì wú lì de
拉拉耷拉着脑袋，看上去有气无力的。

āi yā xuě rén lā lā sān zhī xiǎo xióng jīng jiào qǐ lái nǐ
“哎呀，雪人拉拉！”三只小熊惊叫起来，“你
zěn me hái méi yǒu chū fā qù běi fāng tiān qì zhè me nuǎn nǐ huì róng huà de
怎么还没有出发去北方？天气这么暖，你会融化的！”

wǒ de qián bù gòu mǎi yī zhāng qù běi fāng de huǒ chē piào hái quē sān
“我的钱不够买一张去北方的火车票，还缺三
kuài qián xuě rén lā lā shuō
块钱。”雪人拉拉说。

tài hǎo le wǒ men zhèng hǎo yǒu sān kuài qián
“太好了，我们正好有三块钱。”

sān zhī xiǎo xióng gāo gāo xìng xìng de bǎ tā men
三只小熊高高兴兴地把他们
de yìng bì gěi le xuě rén lā lā yīn
的硬币给了雪人拉拉，因
wèi tā men dōu hěn xǐ huan xuě rén lā lā
为他们都很喜欢雪人拉拉。

bàng wǎn sān zhī xiǎo xióng
傍晚，三只小熊
yòu tòu guò zá huò diàn de
又透过杂货店的
bō li chuāng wǎng lǐ qiáo
玻璃窗往里瞧，
chàng dào
唱道：

rú guǒ nǐ
“如果你
yǒu yī kuài qián xiǎo
有一块钱，小
xióng nǐ zuì xiǎng
熊，你最想

mǎi shén me
买什么？”

wǒ xiǎng mǎi nà kuài dàn gāo shàng miàn
“我想买那块蛋糕，上面
diǎn zhuì zhe cǎo méi hé pú tao
点缀着草莓和葡萄。”

wǒ xiǎng yào nà zhī liǔ dír chuī yī chuī hǎo tīng de xiǎo qǔr
“我想要那只柳笛儿，吹一吹好听的小曲儿。”

wǒ xiǎng yào nà ge piào liang de zhǐ hé zhuāng wǒ de bǎo bèi píng guǒ
“我想要那个漂亮的纸盒，装我的宝贝苹果。”

suī rán tā men méi yǒu le yī kuài qián kě hái shi hěn kuài huo
虽然他们没有了一块钱，可还是很快活。

（文/吕丽娜）

三只小熊虽然没有了钱，但他们依然很快活，因为他们帮助了雪人。可见，帮助别人是一件很快乐的事情。

神奇的小房子

zài lǜ sè de dà sēn lín li yǒu yī zuò bái sè de xiǎo fáng zi
在绿色的大森林里，有一座白色的小房子。

xiǎo fáng zi hěn shén qí yīn wèi tā huì biàn huà
小房子很神奇，因为它会变化。

rú guǒ yī gè xiǎo gū niang zǒu jìn lái jiù huì fā xiàn xiǎo fáng zi yǒu
如果一个小姑娘走进来，就会发现小房子有

fěn hóng sè de xiǎo chuáng hé dì tǎn hái yǒu gè zhǒng gè yàng de yáng wá wa
粉红色的小床和地毯，还有各种各样的洋娃娃，

zhèng shì hé yī gè xiǎo gū niang zhù
正适合一个小姑娘住。
rú guǒ yī zhī xiǎo māo zǒu
如果一只小猫走
jìn lái jiù huì fā xiàn xiǎo fáng
进来，就会发现小房
zi li mǎn shì róu ruǎn de diàn zi
子里满是柔软的垫子
hé gǔn lái gǔn qù de máo xiàn qiú zhèng
和滚来滚去的毛线球，正
shì hé yī zhī xiǎo māo zhù
适合一只小猫住。

xiǎo fáng zi de shén qí zhī chù jiù shì bù guǎn shì shéi zǒu jìn lái dōu
小房子的神奇之处就是：不管是谁走进来，都
huì fā xiàn xiǎo fáng zi zhèng hǎo shì hé zì jǐ zhù
会发现小房子正好适合自己住。

bù guò xiǎo fáng zi hái méi yǒu zhǔ rén tā hǎo xiǎng yào yī gè zhǔ
不过小房子还没有主人。它好想要一个主
rén yī gè ài tā de zhǔ rén yīn wèi méi yǒu zhǔ rén xiǎo fáng zi jiù zhǐ
人，一个爱它的主人。因为没有主人，小房子就只
shì yī zuò fáng zi yǒu le zhǔ rén xiǎo fáng zi jiù chéng le yī gè jiā
是一座房子；有了主人，小房子就成了一个家。

yī tiān sēn lín li lái le yī zhī liú làng de xiǎo gǒu xiǎo gǒu fā
一天，森林里来了一只流浪的小狗。小狗发
xiàn le xiǎo fáng zi biàn gāo xìng de zǒu le jìn qù tā fā xiàn xiǎo fáng zi
现了小房子，便高兴地走了进去，他发现小房子
zhèng shì hé zì jǐ zhù
正适合自己住。

xiǎo gǒu dà kǒu dà kǒu de hē xiǎo fáng zi gěi tā zhǔn bèi hǎo de gǔ tou
小狗大口大口地喝小房子给他准备好的骨头

tāng bǎ tāng sǎ de dào chù dōu shì
汤，把汤洒得到处都是。

hē wán tāng hòu xiǎo gǒu zài fáng zi li
喝完汤后，小狗在房子里
kuài huo de shàng cuān xià tiào nòng de fáng zi li
快活地上蹿下跳，弄得房子里
dào chù dōu shì tā zāng xī xī de jiǎo yìn lè
到处都是他脏兮兮的脚印。乐
gòu le tā hái wǎng qiáng jiǎo sā le yī pāo niào
够了，他还往墙角撒了一泡尿。

tā gēn běn bù ài wǒ wǒ bù
“他根本不爱我，我不
yào zhè yàng de zhǔ rén xiǎo fáng zi fèn
要这样的主人！”小房子愤
nù de yáo huàng le yī xià shēn tǐ bǎ
怒地摇晃了一下身体，把
xiǎo gǒu cóng chuāng kǒu shuǎi le chū qù
小狗从窗口甩了出去。

hòu lái yòu yǒu yī zhī liú làng de
后来，又有一只流浪的
xiǎo hú li fā xiàn le xiǎo fáng zi xiǎo
小狐狸发现了小房子。小
hú li yòng suí shēn dài zhe de yī zhī là
狐狸用随身带着的一支蜡
bǐ zài qiáng shang dì bǎn shang huà mǎn le luàn
笔在墙上、地板上画满了乱
qī bā zāo de tú huà jié guǒ xiǎo
七八糟的图画。结果，小
hú li yě bèi fèn nù de xiǎo fáng zi
狐狸也被愤怒的小房子

shuǎi le chū qù
甩了出去。

shén me shí hou cái néng yǒu yī gè ài wǒ
“什么时候才能有一个爱我

de zhǔ rén ne xiǎo fáng zi yōu shāng de xiǎng
的主人呢？”小房子忧伤地想。

zhōng yú yǒu yī tiān lái le yī zhī liú làng de xiǎo tù zi
终于有一天，来了一只流浪的小兔子。

xiǎo tù zi zài mén kǒu de diàn zi shang bǎ jiǎo shang de ní ba cā gān
小兔子在门口的垫子上把脚上的泥巴擦干

jìng rán hòu cái zǒu jìn xiǎo fáng zi zuò xià lái hē xiǎo fáng zi wèi tā zhǔn
净，然后才走进小房子，坐下来喝小房子为她准

bèi de mó gu tāng
备的蘑菇汤。

hē wán tāng hòu xiǎo tù zi bǎ pán zi xǐ gān jìng bǎ zhuō zi shōu
喝完汤后，小兔子把盘子洗干净，把桌子收

shi hǎo rán hòu ná qǐ mā bù bǎ xiǎo fáng zi li suǒ yǒu de dōng xi dōu
拾好，然后拿起抹布，把小房子里所有的东西都

cā de shǎn shǎn fā liàng
擦得闪闪发亮。

wǎn shang xiǎo tù zi tǎng
晚上，小兔子躺

zài róu ruǎn de xiǎo chuáng shang
在柔软的小床上，

xiǎo fáng zi wēn róu de yáo
小房子温柔地摇

zhe xiǎo tù zi hái qīng
着小兔子，还轻

qīng de wèi tā hēng qǐ
轻地为她哼起

le yáo lán qǔ xiǎo
了摇篮曲。小

tù zi xìng fú de bì
兔子幸福地闭

shàng yǎn jing tián tián
上眼睛，甜甜

de jìn rù le mèng xiāng
地进入了梦乡。

xiǎo fáng zi hǎo xìng fú tā zhōng yú yǒu le yī gè ài tā de zhǔ
小房子好幸福。它终于有了一个爱它的主

rén chéng le yī gè wēn nuǎn de jiā
人，成了一个温暖的家。

（文/吕丽娜）

童话中的道理

同这座神奇的小房子一样，我们平时看的书、玩的玩具，都在寻找爱它们的主人。我们要好好爱护身边的东西，不要让它们伤心哟！

爱梦想的树

yǒu yī kē ài mèng xiǎng de xiǎo zhǒng zi tā
有一颗爱梦想的小种子，它
zhǎng ya zhǎng ya zhǎng chéng le yī kē ài mèng xiǎng
长呀，长呀，长成了一棵爱梦想
de shù
的树。

chūn tiān ài mèng xiǎng de shù mào chū yī shù
春天，爱梦想的树冒出一树
yuán yuán de nèn lǜ de yè zi měi yī méi yè zi
圆圆的、嫩绿的叶子，每一枚叶子
li dōu cáng zhe yī gè xiǎo xiǎo mèng xiǎng
里都藏着一个小小梦想。

yī zhī cháng jǐng lù cóng shù xià zǒu guò
一只长颈鹿从树下走过，
lǎn yáng yáng de yǎo xià yī piàn yè zi cháng jǐng
懒洋洋地咬下一片叶子。长颈
lù jiáo zhe yè zi zǒu kāi de shí hou yī
鹿嚼着叶子走开的时候一
diǎnr yě bù zhī dào tā dài zǒu le yī
点儿也不知道，他带走了一
gè lǜ sè de mèng xiǎng
个绿色的梦想。

zhè zhī cháng jǐng lù huí dào jiā
这只长颈鹿回到家

li tā de tài tai fā xiàn tā yǒu diǎnr bù duì jìn nǐ zěn me le
里，他的太太发现他有点儿不对劲。“你怎么了？”
cháng jǐng lù tài tai wèn
长颈鹿太太问。

qīn ài de cháng jǐng lù de yǎn jing shǎn shǎn fā liàng wǒ men kě
“亲爱的，”长颈鹿的眼睛闪闪发亮，“我们可
bù kě yǐ zuò yī diǎnr bǐ jiáo jiáo yè zi dào chù liū da gèng yǒu yì si
不可以做一点儿比嚼嚼叶子、到处溜达更有意思
de shì bǐ rú qù háng hǎi zhōu yóu shì jiè
的事，比如，去航海，周游世界？”

tīng wán cháng jǐng lù de huà cháng jǐng lù tài tai xià huài le qí shí
听完长颈鹿的话，长颈鹿太太吓坏了。其实，
jiù lián cháng jǐng lù yě bèi zì jǐ tuō kǒu ér chū de huà xià le yī tiào yào
就连长颈鹿也被自己脱口而出的话吓了一跳。要
zhī dào cháng jǐng lù hé tài tai yī zhí dōu guò zhe hé bié de cháng jǐng lù yī
知道，长颈鹿和太太一直都过着和别的长颈鹿一
yàng de píng píng dàn dàn de shēng huó ya
样的平平淡淡的生活呀。

wǒ dà gài shì bìng le
“我大概是病了，
nǎo dai rè rè de xiōng kǒu yě
脑袋热热的，胸口也
rè rè de wǒ xiān qù shuì
热热的。我先去睡
le cháng jǐng lù shuō
了。”长颈鹿说。

kě dì èr tiān yī
可第二天一
zǎo cháng jǐng lù jiù lí kāi
早，长颈鹿就离开

le jiā gěi tài tai liú le yī
了家，给太太留了一
zhāng jiǎn dān de zì tiáo wǒ qù lǚ xíng
张简单的字条：“我去旅行
le wǒ huì zài dōng tiān dào lái zhī qián huí lái
了，我会在冬天到来之前回来。”

xià tiān ài mèng xiǎng de shù kāi chū yī shù xiǎo xiǎo de dàn
夏天，爱梦想的树开出一树小小的淡
zǐ sè huā duǒ měi yī duǒ xiǎo huā li dōu cáng zhe yī gè xiǎo xiǎo mèng xiǎng
紫色花朵，每一朵小花里都藏着一个小小梦想。

yǒu duǒ xiǎo huā bèi fēng chuī luò dào cǎo dì shang yī zhī zhèng zài chī cǎo de
有朵小花被风吹落到草地上，一只正在吃草的
xiǎo yáng hào qí de bǎ tā chī jìn dù zi li tā yī diǎnr yě bù zhī dào
小羊好奇地把它吃进肚子里。他一点儿也不知道，
tā dài zǒu le yī gè dàn zǐ sè de mèng xiǎng
他带走了一个淡紫色的梦想。

cóng zhè yī tiān qǐ dāng bié de xiǎo yáng dōu màn tūn tūn de kěn zhe qīng
从这一天起，当别的小羊都慢吞吞地啃着青
cǎo de shí hou zhè zhī xiǎo yáng què zháo mí de yòng tā yìng yìng de xiǎo tí zi qiāo
草的时候，这只小羊却着迷地用他硬硬的小蹄子敲
dǎ zhe dì miàn tā qiāo a qiāo qiāo chū gè zhǒng gè yàng de jié zòu
打着地面。他敲啊敲，敲出各种各样的节奏。

yī tiān yòu yī tiān tā de qiāo dǎ shēng
一天又一天，他的敲打声
biàn de yuè lái yuè měi miào yǒu yī cì
变得越来越美妙。有一次
yī gè dà hú zi yīn yuè jiā tīng le
一个大胡子音乐家听了
xiǎo yáng de qiāo dǎ shēng
小羊的敲打声，

gāo xìng de duì tā shuō jiā yóu nǐ yě
高兴地对他说："加油，你也
huì chéng wéi yī gè yīn yuè jiā de yě
会成为一个音乐家的，也
xǔ wǒ kě yǐ zài nǎ ge yuè tuán bāng nǐ
许我可以在哪个乐团帮你
zhǎo yī gè xiǎo gǔ shǒu de wèi zi ne
找一个小鼓手的位子呢。"

nà zhèng shì wǒ de mèng xiǎng ya
"那正是我的梦想呀。"
xiǎo yáng kuài lè de huí dá
小羊快乐地回答。

qiū tiān ài mèng xiǎng de shù jiē chū yī shù xiǎo xiǎo de jīn sè guǒ zi
秋天，爱梦想的树结出一树小小的金色果子，
měi yī kē guǒ zi li dōu cáng zhe yī gè xiǎo xiǎo mèng xiǎng
每一颗果子里都藏着一个小小梦想。

yǒu yī zhī xiǎo sōng shǔ zhāi xià yī kē guǒ zi xiǎo xīn de cháng le cháng
有一只小松鼠摘下一颗果子，小心地尝了尝。
wèi dào hěn bù cuò ya xiǎo sōng shǔ shuō zhe bǎ zhěng kē guǒ zi dōu chī
"味道很不错呀。"小松鼠说着，把整颗果子都吃
le xià qù tā yī diǎnr yě bù zhī dào tā dài zǒu le yī gè jīn sè de
了下去，他一点儿也不知道，他带走了一个金色的
mèng xiǎng
梦想。

gāng chī wán guǒ zi zhè zhī xiǎo sōng shǔ de xīn lǐ jiù mào chū le yī
刚吃完果子，这只小松鼠的心里就冒出了一
gè hěn liǎo bu qǐ de xiǎng fǎ tā lián bèng dài tiào de pǎo qù zhǎo sēn lín li
个很了不起的想法。他连蹦带跳地跑去找森林里
zuì lǎo zuì yǒu zhì huì de sōng shǔ yé ye sōng shǔ yé ye yī zhī xiǎo sōng
最老最有智慧的松鼠爷爷："松鼠爷爷，一只小松

鼠怎么样才可以飞起来？”

“这个嘛……”松鼠爷爷想了一会儿，“你知道，我们松鼠很擅长跳跃。其实呢，如果你跳得够高，那就和飞的感觉有点儿像了。在古老的传说中，如果一只小松鼠飞得足够高，高到能摸到星星，那么他就会长出一双漂亮的翅膀来……哎！小松鼠，那只是个传说呀！”

可是小松鼠已经走远了，他迫不及待地想要练习跳跃。他相信，有一天他一定可以够到星星。

一天，两只小鸟落在爱梦想的树上，叽叽喳喳地聊起了各种新鲜事，什么周游世界的长颈鹿啦，

dāng shàng gǔ shǒu
当上鼓手

de xiǎo yáng la zhǎng chū
的小羊啦，长出

chì bǎng de xiǎo sōng shǔ la hái yǒu
翅膀的小松鼠啦，还有

hǎo duō hǎo duō
好多好多……

ài mèng xiǎng de shù jìng jìng de tīng zhe
爱梦想的树静静地听着。

zhè ge shì jiè yuè lái yuè xiàng wǒ mèng xiǎng zhōng de
“这个世界，越来越像我梦想中的

yàng zi le tā kuài lè de xiǎng
样子了。”它快乐地想。

（文/吕丽娜）

童话中的道理

拥有梦想就好像在心底埋下了一颗种子，它会让我们充满活力，让我们的生活更精彩。

小木偶做好事

这天早晨，小木偶托比的心情好极了，因为他吃到了最喜爱的果酱蛋糕，因为妈妈表扬他没有洒牛奶，允许他穿上最漂亮的红鞋子，还因为今天的天气特别好。

所以，小木偶托比今天很想做一件好事。

柳树下的摇篮里，躺着五个小瓷人宝宝。他们是那么白、那么可爱，金色的阳光暖暖地照在他们身上。

xiǎo mù ǒu tuō bǐ xìng gāo cǎi liè de pǎo guò qù qīng qīng de yáo zhe
小木偶托比兴高采烈地跑过去，轻轻地摇着
yáo lán hēng qǐ le hǎo tīng de yáo lán qǔ xiǎo cí rén men gē gē de xiào
摇篮，哼起了好听的摇篮曲。小瓷人们咯咯地笑
qǐ lái
起来。

wèi wèi bié pèng wǒ de hái zi pàng cí rén mā ma qì chuǎn xū xū
“喂喂！别碰我的孩子！”胖瓷人妈妈气喘吁吁
de bēn guò lái hěn bù fàng xīn de bǎ yáo lán li de wǔ gè xiǎo jiā
地奔过来，很不放心地把摇篮里的五个小家
huo shǔ le yī biàn yòu yī biàn hái bǎ tā men cóng tóu dào
伙数了一遍又一遍，还把他们从头到
jiǎo dōu zǐ xì de jiǎn chá le yī fān
脚都仔细地检查了一番。

wǒ de bǎo bèi men bù xū yào bǎo mǔ pàng
“我的宝贝们不需要保姆，”胖
cí rén mā ma duì xiǎo mù ǒu tuō bǐ shuō wǒ men méi
瓷人妈妈对小木偶托比说，“我们没
yǒu qián
有钱。”

bù yòng fù qián de wǒ jiù shì
“不用付钱的！我就是
xiǎng gěi xiǎo cí rén men chàng yáo lán
想给小瓷人们唱摇篮
qǔ wǒ xǐ huan tā men xiǎo mù
曲，我喜欢他们！”小木
ǒu tuō bǐ gāo xìng de shuō
偶托比高兴地说。

kě shì pàng cí rén mā ma
可是，胖瓷人妈妈

bǎ nǎo dai yáo de xiàng bō lang gǔ qí shí tā bìng bù shì méi yǒu qián tā
把脑袋摇得像拨浪鼓。其实，她并不是没有钱，她
zhǐ shì bù fàng xīn ér yǐ chú le tā zì jǐ pàng cí rén mā ma duì shéi
只是不放心而已。除了她自己，胖瓷人妈妈对谁
dōu bù fàng xīn yīn wèi cí rén tài cuì ruò le nǎ pà yī diǎn diǎn pèng zhuàng
都不放心，因为瓷人太脆弱了，哪怕一点点碰撞，
tā men dōu yǒu kě néng fěn shēn suì gǔ
他们都有可能粉身碎骨。

xiǎo mù ǒu tuō bǐ zhǐ hǎo shī wàng de zǒu kāi le tā jué dìng qù kàn
小木偶托比只好失望地走开了。他决定去看
kàn xiǎo ní rén ā nuò shuō bu dìng ā nuò zhèng xū yào tuō bǐ de bāng zhù ne
看小泥人阿诺，说不定，阿诺正需要托比的帮助呢。

xiǎo ní rén ā nuò zhèng zài fěn shuā zì jiā de tiān huā bǎn tā yào bǎ
小泥人阿诺正在粉刷自家的天花板，他要把
tiān huā bǎn shuā chéng měi lì de tiān lán sè tā cǎi zhe gāo gāo de mù tī
天花板刷成美丽的天蓝色。他踩着高高的木梯
zi gàn de fēi cháng zhuān xīn yī diǎnr dōu méi zhù yì dào xiǎo mù ǒu tuō
子，干得非常专心，一点儿都没注意到小木偶托
bǐ zǒu jìn lái le
比走进来了。

ā nuò wǒ lái bāng máng
“阿诺！我来帮忙！”
xiǎo mù ǒu tuō bǐ yǎng qǐ tóu xìng
小木偶托比仰起头，兴
chōng chōng de hǎn dào
冲冲地喊道。

xiǎo ní rén ā nuò xià le yī dà
小泥人阿诺吓了一大
tiào cóng mù tī zi shang diē xià lái
跳，从木梯子上跌下来，

pū tōng yī shēng zhèng hǎo diào jìn le xià miàn de yóu qī
扑通一声 正好掉进了下面的油漆
tǒng li
桶里。

xiǎo mù ǒu tuō bǐ jīng huāng shī
小木偶托比惊慌失
cuò de bǎ ā nuò cóng tǒng li lā chū lái
措地把阿诺从桶里拉出来，
ā nuò yǐ jīng biàn chéng tiān lán sè de yóu
阿诺已经变成天蓝色的油
qī rén le tā bǎn zhe liǎn yī shēng bù kēng de bǎ tuō
漆人了。他板着脸，一声不吭地把托
bǐ tuī dào mén wài pēng de yī shēng guān shàng mén
比推到门外，砰的一声关上门。

xiǎo mù ǒu tuō bǐ zhǐ hǎo nán guò de zǒu kāi le ài tā zhǐ bù
小木偶托比只好难过地走开了。唉，他只不
guò xiǎng zuò yī jiàn hǎo shì ma
过想做一件好事嘛！

xiǎo mù ǒu tuō bǐ chuí tóu sàng qì de huí dào jiā zhōng tā tuī kāi
小木偶托比垂头丧气地回到家中。他推开
mén dà chī yī jīng wū zi li chén tǔ fēi yáng mù ǒu mā ma pā zài dì
门，大吃一惊：屋子里尘土飞扬，木偶妈妈趴在地
bǎn shang shuì de zhèng xiāng yī kàn jiù zhī dào mù ǒu mā ma jīn tiān dà sǎo
板上睡得正香。一看就知道，木偶妈妈今天大扫
chú kě néng tài lèi le méi dǎ sǎo wán jiù shuì zháo le
除，可能太累了，没打扫完就睡着了。

xiǎo mù ǒu tuō bǐ qiāo qiāo ná qǐ tuō bǎ bǎ mù ǒu mā ma shèng xià
小木偶托比悄悄拿起拖把，把木偶妈妈剩下
de huó gàn wán le
的活干完了。

guò le yī huìr mù ǒu mā ma xǐng le kàn dào jiā li biàn de gān
过了一会儿，木偶妈妈醒了，看到家里变得干
gān jìng jìng liàng liàng táng táng de tā zhēn shì yòu jīng qí yòu huān xǐ tā bào
干净净、亮亮堂堂的，她真是又惊奇又欢喜。她抱
qǐ mǎn liǎn shì tǔ de xiǎo tuō bǐ qīn le yòu qīn gǎn xiè tā wèi mā ma zuò
起满脸是土的小托比亲了又亲，感谢他为妈妈做
le yī jiàn hǎo shì
了一件好事。

xiǎo mù ǒu tuō bǐ kāi xīn jí le nǐ qiáo tā gēn běn yòng bù zháo
小木偶托比开心极了。你瞧，他根本用不着
dào chù pǎo lái pǎo qù zhǎo hǎo shì zuò ma
到处跑来跑去找好事做嘛！

（文/吕丽娜）

童话中的道理

当我们想帮助别人时，要先了解别人真正的需求，不然很可能会好心办坏事。

蘑菇长呀长

hēi māo nǎi nai yào chū yuǎn mén tā qǐng xiǎo wū guī luó lā bāng máng zhào
黑猫奶奶要出远门，她请小乌龟罗拉帮忙照
kàn tā gāng gāng zhòng xià de yī duǒ mó gu
看她刚刚种下的一朵蘑菇。

zhè kě bù shì pǔ tōng de mó gu yo hēi māo nǎi nai shuō děng
“这可不是普通的蘑菇哟，”黑猫奶奶说，“等
tā zhǎng dà le jiù huì fēi shàng tiān biàn chéng yī duǒ mó gu yún
它长大了，就会飞上天，变成一朵蘑菇云。”

xiǎo wū guī luó lā jiē xià le hēi māo nǎi nai de zhè ge rèn wu tā
小乌龟罗拉接下了黑猫奶奶的这个任务。他
zài mó gu páng biān dā le gè lí ba cùn bù bù lí de shǒu zhe bù ràng
在蘑菇旁边搭了个篱笆，寸步不离地守着，不让
chóng zi yǎo tā bù ràng niǎor zhuó tā bù ràng táo qì de xiǎo sōng shǔ tōu
虫子咬它，不让鸟儿啄它，不让淘气的小松鼠偷
zǒu tā
走它。

mó gu hái hǎo xiǎo hǎo xiǎo zhǐ yǒu yī
蘑菇还好小好小，只有一
méi yìng bì nà me dà bù guò luó lā kàn
枚硬币那么大。不过罗拉看
de chū lái tā zài nǔ lì de zhǎng dà
得出来，它在努力地长大。

xiǎo tù zi jié bǐ lái kàn xiǎo wū guī
小兔子杰比来看小乌龟。

luó lā dà jiā míng tiān qù jiāo yóu nǐ qù bù
“罗拉，大家明天去郊游，你去不
qù jié bǐ wèn xiǎo wū guī yáo yáo tóu
去？”杰比问。小乌龟摇摇头。

nǐ zhēn de xiāng xìn mó gu huì biàn yún cai jié bǐ shuō shéi
“你真的相信蘑菇会变云彩？”杰比说，“谁
dōu zhī dào hēi māo nǎi nai shì gè chuī niú dà wáng
都知道，黑猫奶奶是个吹牛大王。”

biàn bù chéng yún cai yě méi guān xi ya wǒ xǐ huan kàn yī duǒ mó gu
“变不成云彩也没关系呀，我喜欢看一朵蘑菇
màn màn zhǎng dà xiǎo wū guī huí dá
慢慢长大。”小乌龟回答。

xiǎo māo xī xī lái kàn xiǎo wū guī
小猫西西来看小乌龟。

luó lā dà jiā míng tiān qù kàn mù ǒu xì
“罗拉，大家明天去看木偶戏，
nǐ qù bù qù xī xī wèn xiǎo wū
你去不去？”西西问。小乌
guī yáo yáo tóu
龟摇摇头。

nǐ zhēn de xiāng xìn mó gu huì
“你真的相信蘑菇会

biàn yún cai xī xī shuō shéi dōu zhī dào hēi māo nǎi nai shì gè chuī niú
变云彩？”西西说，“谁都知道，黑猫奶奶是个吹牛
dà wáng
大王。”

biàn bù chéng yún cai yě méi guān xi ya wǒ xǐ huan kàn yī duǒ mó gu
“变不成云彩也没关系呀，我喜欢看一朵蘑菇
màn màn zhǎng dà xiǎo wū guī huí dá
慢慢长大。”小乌龟回答。

mó gu zhǎng ya zhǎng xiàn zài tā yǐ jīng xiàng xiào liǎn yī yàng dà le
蘑菇长呀长，现在，它已经像笑脸一样大了。

xiǎo yā zi lā lā lái kàn xiǎo wū guī luó lā dà jiā míng tiān qù
小鸭子拉拉来看小乌龟。“罗拉，大家明天去
huá chuán nǐ qù bù qù lā lā wèn xiǎo wū guī yáo yáo tóu
划船，你去不去？”拉拉问。小乌龟摇摇头。

nǐ zhēn de xiāng xìn mó gu huì biàn yún cai
“你真的相信蘑菇会变云彩？”
lā lā shuō shéi dōu zhī dào hēi māo nǎi nai shì
拉拉说，“谁都知道，黑猫奶奶是
gè chuī niú dà wáng
个吹牛大王。”

biàn bù chéng yún cai yě méi guān
“变不成云彩也没关
xi ya wǒ
系呀，我
xǐ huan kàn
喜欢看
yī duǒ mó
一朵蘑

gu màn màn zhǎng dà xiǎo wū guī huí dá
菇慢慢长大。”小乌龟回答。

mó gu zhǎng ya zhǎng xiàn zài tā yǐ jīng xiàng wū dǐng yī yàng dà le
蘑菇长呀长，现在，它已经像屋顶一样大了。

yī tiān xiǎo wū guī pā zài mó gu xià miàn shuì zháo le
一天，小乌龟趴在蘑菇下面睡着了。

hēi māo nǎi nai huí lái le tā kàn kàn dà mó gu yòu kàn kàn mó
黑猫奶奶回来了。她看看大蘑菇，又看看蘑
gu xià miàn de xiǎo wū guī luó lā jīng yà de dèng yuán le yǎn jing zhè ge
菇下面的小乌龟罗拉，惊讶地瞪圆了眼睛：“这个
xiǎo shǎ guī yī zhí shǒu zhe wǒ de mó gu wǒ bù guò suí kǒu shuō shuō bà le
小傻龟一直守着我的蘑菇！我不过随口说说罢了，
nán dào tā zhēn de xiāng xìn mó gu huì biàn yún cai ma
难道他真的相信蘑菇会变云彩吗？”

jiù zài zhè shí hou mó gu qīng
就在这时候，蘑菇轻
qīng de dòng le dòng jiē zhe tā fēi
轻地动了动。接着，它飞
le qǐ lái zhēn de biàn
了起来，真的变
chéng le yī duǒ mó gu
成了一朵蘑菇
yún zhè duǒ piào liang de
云！这朵漂亮的

mó gu yún wēn róu de tuō qǐ shú shuì zhōng de xiǎo wū
蘑菇云温柔地托起熟睡中的小乌

guī fēi shàng le lán tiān
龟，飞上了蓝天。

dāng xiǎo wū guī luó lā xǐng lái shí fā xiàn yī duǒ duǒ yún cai cóng tā
当小乌龟罗拉醒来时，发现一朵朵云彩从他

shēn páng piāo guò xiè xie nǐ xiǎo wū guī luó lā yī gè shēng yīn qīng
身旁飘过。“谢谢你，小乌龟罗拉，”一个声音轻

qīng de shuō xiè xie nǐ yuàn yì děng dài yī duǒ mó gu màn màn zhǎng dà
轻地说，“谢谢你愿意等待一朵蘑菇慢慢长大。”

（文/吕丽娜）

童话中的道理

耐心去等待，我们会看到更美的风景；耐心去做事情，我们会把梦想变成现实。好好培养耐心，收获更多惊喜吧！

小女巫的如意罐子

一个小女巫正坐在路边伤心地掉眼泪。许多人从她的身边走过，看她一眼，就赶紧加快脚步走开了。

“天哪，她长得好丑。”人们悄悄地议论着。

远远的，阿笨猫走了过来。“一个小女巫会碰到什么伤心事呢？”阿笨猫皱着眉头想，“可是不管怎样，所有哭鼻子的人一定都需要一些安慰。”

阿笨猫摸摸他的口袋，那里有一大块他一直没舍得吃的巧克力。“别哭了，这个送你。”阿笨猫走过去，把巧克力塞到小女巫手里。

小女巫一下子把她的伤心事忘得干干净净。她活了整整三百岁，还从没收到过礼物呢！小女巫笑了。她一笑就变了样，看上去一点儿也不丑了。

“谢谢你，小猫。”小女巫说着，手里变出一个罐子来。“这可是一个如意罐子，”她有点儿得意，“你想要什么，只要跟它说一声，它都能变出来。说吧，

nǐ zuì xiǎng yào shén me
你最想要什么？”

kě shì ā bèn māo yī xià zi què
可是，阿笨猫一下子却
xiǎng bù qǐ zì jǐ zuì xiǎng yào shén me le
想不起自己最想要什么了。

hēi wǒ shuō nà ge rú yì guàn
“嘿，我说，”那个如意罐
zi jìng rán kāi kǒu gěi ā bèn māo tí jiàn
子竟然开口给阿笨猫提建
yì le yī dà shù chú jú zěn me yàng
议了，“一大束雏菊怎么样？”
rú yì guàn zi yī biān shuō zhe yī biān jiù biàn chū le měi lì de huār lái
如意罐子一边说着，一边就变出了美丽的花儿来。

bù duì bù duì zhè hǎo xiàng bù shì nǐ zuì xiǎng yào de nà me
“不对不对，这好像不是你最想要的，那么，
yī dǐng mào zi huò zhě yī hé jī mù tū rán guàn zi hǎo xiàng néng kàn
一顶帽子？或者一盒积木？”突然，罐子好像能看
dǒng ā bèn māo de xīn shì yī yàng děng yī xià
懂阿笨猫的心事一样，“等一下，
wǒ zhī dào nǐ zuì xiǎng yào shén me le
我知道你最想要什么了！”

huà yīn gāng luò guàn zi li jiù
话音刚落，罐子里就
tàn chū yī duì jiān jiān de máo
探出一对尖尖的、毛
róng róng de ěr duo
茸茸的耳朵。

yí wǒ zěn me huì zài
“咦，我怎么会在

zhè lǐ guàn zi li chuán chū lái xiǎo
这里？”罐子里传出来小
māo mò mò de shēng yīn yīn wèi wǒ xiǎng nǐ le ya
猫茉茉的声音。“因为我想你了呀。”
ā bèn māo kuài lè de pǎo guò qù bǎ mò mò cóng guàn zi li lā chū lái
阿笨猫快乐地跑过去，把茉茉从罐子里拉出来。

shì de hé hǎo péng you zài yī qǐ zhè jiù shì ā bèn māo zuì xiǎng
是的，和好朋友在一起，这就是阿笨猫最想
yào de lǐ wù
要的礼物。

（文/吕丽娜）

很多时候，我们最想要的是和好朋友一起玩耍、一起打闹，因为这才是最快乐的事。好好珍惜我们身边的朋友吧！

一百颗跳跳糖

yī kē tiào tiào táng néng ràng nǐ tiào ya tiào tiào guò ǎi shù zhuāng liǎng
一颗跳跳糖，能让你跳呀跳，跳过矮树桩；两
kē tiào tiào táng néng ràng nǐ tiào ya tiào tiào guò xiǎo tǔ bāo sān kē tiào tiào
颗跳跳糖，能让你跳呀跳，跳过小土包；三颗跳跳
táng néng ràng nǐ tiào ya tiào tiào guò guàn mù cóng
糖，能让你跳呀跳，跳过灌木丛……

nà me yī bǎi kē tiào tiào táng néng ràng yī tóu xiǎo zhū tiào de duō
那么，一百颗跳跳糖能让一头小猪跳得多
gāo ne
高呢？

yī bǎi kē tiào tiào táng bǎo guǎn ràng nǐ tiào guò shān gǎng tiào guò
一百颗跳跳糖——保管让你跳过山岗，跳过
shù shāo tiào shàng yún cai bèng bèng chuáng yī shēn shǒu jiù néng mō dào hóng tài yáng
树梢，跳上云彩蹦蹦床！一伸手，就能摸到红太阳！

xiǎo zhū tuán tuán huā guāng le suǒ yǒu de qián mǎi huí yī bǎi kē tiào tiào táng
小猪团团花光了所有的钱，买回一百颗跳跳糖。

yī kē tiào tiào táng néng ràng nǐ tiào ya tiào tiào guò ǎi shù zhuāng
一颗跳跳糖，能让你跳呀跳，跳过矮树桩……

liǎng kē tiào tiào táng néng ràng nǐ tiào ya tiào tiào guò xiǎo tǔ bāo
两颗跳跳糖，能让你跳呀跳，跳过小土包……

sān kē tiào tiào táng néng ràng nǐ tiào ya tiào tiào guò guàn mù cóng
三颗跳跳糖，能让你跳呀跳，跳过灌木丛……

tiào guò shān gǎng tiào guò shù shāo tiào shàng yún cai bèng bèng chuáng
跳过山岗，跳过树梢，跳上云彩蹦蹦床……

duì a wǒ děi ràng zhū niū niū zhū pì pì zhū qiú qiú zhū zǎi zǎi tā men dōu lái kàn ya bù rán tā men zhǔn huì shuō wǒ chuī niú pí
“对啊，我得让猪妞妞、猪屁屁、猪球球、猪仔仔他们都来看呀，不然，他们准会说我吹牛皮！”

xiǎo zhū tuán tuán bào zhe zhuāng mǎn yī bǎi kē tiào tiào táng de zhǐ dài pǎo huí le zhū xiǎo zhèn jiào lái le tā suǒ yǒu de péng you
小猪团团抱着装满一百颗跳跳糖的纸袋，跑回了猪小镇，叫来了他所有的朋友。

yī kē tiào tiào táng ya
“一颗跳跳糖呀……”

zhè shì gěi wǒ de ma zhū niū niū de yǎn jing shǎn shǎn fā liàng
“这是给我的吗？”猪妞妞的眼睛闪闪发亮。

zhè xiǎo zhū tuán tuán yóu yù le yī xià hái shi gěi le zhū
“这……”小猪团团犹豫了一下，还是给了猪
niū niū yī kē tiào tiào táng
妞妞一颗跳跳糖。

yī kē tiào tiào táng ya
“一颗跳跳糖呀……”

gěi wǒ yī kē péng you zhū qiú qiú de kǒu shuǐ shǎn shǎn fā liàng
“给我一颗，朋友！”猪球球的口水闪闪发亮。

ǹg xiǎo zhū tuán tuán yě gěi le tā yī kē
“嗯……”小猪团团也给了他一颗。

xiǎo zhū tuán tuán yǒu tài duō de
小猪团团有太多的
péng you le zuì hòu tā zhǐ shèng xià
朋友了。最后，他只剩下
liǎng kē tiào tiào táng le
两颗跳跳糖了。

péng you men tiào qǐ lái
“朋友们，跳起来
ba xiǎo zhū tuán tuán dà shēng
吧！”小猪团团大声
hǎn dào
喊道。

péng you men dōu tiào guò le
朋友们都跳过了
ǎi shù zhuāng xiǎo zhū tuán tuán tiào guò
矮树桩，小猪团团跳过

le xiǎo tǔ bāo
了小土包！

qiáo tuán tuán tiào de duō gāo a
“瞧，团团跳得多高啊！”

yòng bù zháo yī bǎi kē tiào tiào táng liǎng kē ò yě xǔ zhǐ yào
“用不着一百颗跳跳糖，两颗，哦，也许只要
yī kē jiù néng ràng wǒ de xīn tiào de gāo gāo de tuán tuán kāi xīn de xiǎng
一颗就能让我的心跳得高高的！”团团开心地想。

（文/陈梦敏）

童话中的道理

一个人吃一百颗跳跳糖会很快乐，但和朋友一起吃跳跳糖会更快乐！大家都喜欢和乐于分享的人做朋友呢！

漂亮的大花园

xióng yé ye xióng nǎi nai yǒu gè dà huā yuán huā yuán li yǒu hóng de
熊爷爷、熊奶奶有个大花园，花园里有红的、
bái de huáng de zǐ de gè zhǒng yán sè de huā piào liang jí le
白的、黄的、紫的……各种颜色的花，漂亮极了！

měi tiān qīng chén hóng tóng tóng de tài yáng gāng gāng lù chū xiào liǎn de
每天清晨，红彤彤的太阳刚刚露出笑脸的
shí hou xióng yé ye hé xióng nǎi nai jiù lái gěi huār men chú cǎo jiāo shuǐ
时候，熊爷爷和熊奶奶就来给花儿们除草、浇水、
shī féi
施肥。

měi tiān huáng hūn cǎi xiá mǎn tiān de shí hou xióng yé ye hé xióng nǎi
每天黄昏，彩霞满天的时候，熊爷爷和熊奶
nai jiù shǒu qiān zhe shǒu zài huā xiāng sì yì de huā yuán li sàn sàn bù shǎng
奶就手牵着手，在花香四溢的花园里散散步、赏
shǎng huā bié tí duō qiè yì le
赏花，别提多惬意了。

lǎn lǎn māo hěn xiàn mù xióng yé ye xióng nǎi
懒懒猫很羡慕熊爷爷、熊奶
nai néng yǒu zhè yàng yī gè dà huā yuán tā jīng cháng
奶能有这样一个大花园，他经常
tōu tōu de pá shàng qiáng tóu kàn nà mǎn yuán de
偷偷地爬上墙头看那满园的
xiān huā yī tiān tā zhōng yú rěn bù zhù
鲜花。一天，他终于忍不住
tiào xià qiáng tóu shēn shǒu cǎi le yī duǒ hóng huā
跳下墙头，伸手采了一朵红花。

lǎn lǎn māo bǎ hóng huā dài huí jiā mǎn wū zi biàn dōu shì hóng huā tián
懒懒猫把红花带回家，满屋子便都是红花甜
tián de xiāng wèi cóng cǐ lǎn lǎn māo měi tiān dōu chèn huā yuán méi rén de shí
甜的香味。从此，懒懒猫每天都趁花园没人的时
hou qiāo qiāo de qù cǎi huā yǒu shí shì yī duǒ yǒu shí shì liǎng duǒ
候，悄悄地去采花，有时是一朵，有时是两朵……

yǒu yī cì lǎn lǎn māo yòu tōu tōu de qù huā yuán cǎi huā tā kàn dào
有一次，懒懒猫又偷偷地去花园采花，他看到
zài nà duǒ zuì dà de hóng huā zhī tóu shang guà zhe yī gè piào liang de xiǎo zhǐ hé
在那朵最大的红花枝头上，挂着一个漂亮的小纸盒。

lǎn lǎn māo hào qí de dǎ kāi xiǎo zhǐ hé kàn
懒懒猫好奇地打开小纸盒，看
jiàn hé zi li zhuāng de shì xǔ duō zhǒng lèi bù yī de
见盒子里装的是许多种类不一的
huā zǐ hái yǒu yī zhāng xiǎo zhǐ tiáo shàng miàn xiě
花籽，还有一张小纸条，上面写
zhe zhè shì wǒ men sòng gěi ài huā rén de lǐ
着：“这是我们送给爱花人的礼
wù xī wàng nǐ yě néng yǒu yī gè piào liang de huā yuán
物，希望你也能有一个漂亮的花园。”

lǎn lǎn māo de
懒懒猫的
liǎn yī xià zi hóng le
脸一下子红了，
tā jué dìng zài yě bù
他决定再也不
qù cǎi huā le lǎn
去采花了。懒
lǎn māo yī huí jiā jiù
懒猫一回家就
máng kāi le fān tǔ sǎ huā zǐ jiāo shuǐ chú cǎo shī féi
忙开了，翻土、撒花籽、浇水、除草、施肥。

dì èr nián chūn tiān lǎn lǎn māo shǒu li pěng zhe yī dà bǎ gè zhǒng yán
第二年春天，懒懒猫手里捧着一大把各种颜
sè de xiān huā yǒu hóng de huáng de lán de zǐ de piào liang jí
色的鲜花，有红的、黄的、蓝的、紫的……漂亮极
le tā qiāo xiǎng le xióng yé ye xióng nǎi nai jiā de mén kāi xīn de shuō
了！他敲响了熊爷爷、熊奶奶家的门，开心地说：
xióng yé ye xióng nǎi nai xiè xie nǐ men wǒ xiàn zài yě yǒu piào liang de
“熊爷爷，熊奶奶，谢谢你们！我现在也有漂亮的
huā yuán le
花园了。”

（文/陈梦敏）

无论做什么事情，都要先付出才可能有收获。好好努力吧！生活一定会因此变得更美好。

幸福的大草垛

jīn huáng de dà cǎo duò zhàn lì zài
金黄的大草垛站立在
kòng dì zhōng jiān yáng guāng zhào yào zhe
空地中间，阳光照耀着
tā wēi fēng chuī fú zhe tā dàn tā yī
他，微风吹拂着他，但他一
diǎnr yě bù kuài huo
点儿也不快活。

xiǎo hái zi lǎo zài tā shēn shang pá lái pá qù shí bù shí náo tā de
小孩子老在他身上爬来爬去，时不时挠他的
yǎng yang xiǎo xī shuài lǎo zài tā shēn shang tiào lái tiào qù yī biān tiào yī biān
痒痒。小蟋蟀老在他身上跳来跳去，一边跳一边
lā zhe qín zhī yā zhī yā de qín shēng chǎo de tā shuì bù zháo jiào hái yǒu
拉着琴，吱呀吱呀的琴声吵得他睡不着觉。还有
liǎng zhī dǎn dà de xiǎo lǎo shǔ jìng rán zài tā de shēn
两只胆大的小老鼠，竟然在他的身
zi li tāo le yī gè dòng dàng zuò tā men de jiā
子里掏了一个洞，当作他们的家。

dà cǎo duò cháng cháng tàn qì dàn zuò
大草垛常常叹气，但作
wéi cǎo duò tā méi yǒu bàn fǎ gǎi biàn zhè
为草垛，他没有办法改变这
yī qiè xìng hǎo qín láo de nóng fū bù
一切。幸好，勤劳的农夫不

kěn xián zhe　tā zǒng huì zuó mo zhe ná
肯闲着，他总会琢磨着拿
dào cǎo lái zuò diǎn shén me
稻草来做点什么。

kàn　tā qǔ xià yī xiē dào
看，他取下一些稻
cǎo　wèi zì jǐ biān le jǐ shuāng sōng
草，为自己编了几双松
ruǎn de cǎo xié
软的草鞋。

cǎo duò hěn mǎn yì nóng fū de ān pái　biàn
草垛很满意农夫的安排：“变
chéng cǎo xié　nǎ pà shì bèi cǎi zài jiǎo dǐ xia　yě
成草鞋，哪怕是被踩在脚底下，也
kě yǐ wèi nóng fū dǎng dǎng ní li de shí kuài ya
可以为农夫挡挡泥里的石块呀。”

hòu lái　nóng fū bào xià yī luò dào cǎo　cuō le yī gēn yòu yī gēn
后来，农夫抱下一摞稻草，搓了一根又一根
cháng cháng de cǎo shéng　shuō shì dì li de xiǎo shù miáo xū yào cǎo shéng lái guò dōng
长长的草绳，说是地里的小树苗需要草绳来过冬。

cǎo duò hěn mǎn yì nóng fū de ān pái
草垛很满意农夫的安排：
biàn chéng chán rào shù miáo de cǎo shéng　nǎ pà
“变成缠绕树苗的草绳，哪怕
shì chán zài shù shang yī dòng yě bù néng dòng　yě
是缠在树上一动也不能动，也
kě yǐ tì shù miáo dǎng yī dǎng běi fēng ya
可以替树苗挡一挡北风呀。”

zài hòu lái　nóng fū tuō zǒu le zhěng
再后来，农夫拖走了整

zhěng yī chē dào cǎo yào qù xiū bǔ lòu yǔ de fáng wū
整一车稻草，要去修补漏雨的房屋。

cǎo duò hái shi hěn mǎn yì nóng fū de ān pái biàn chéng cǎo wū de yī bù fen nǎ pà shì bèi fēng chuī rì shài yě kě yǐ wèi rén men zhē fēng bì yǔ ya
草垛还是很满意农夫的安排：“变成草屋的一部分，哪怕是被风吹日晒，也可以为人们遮风避雨呀。”

jiàn jiàn de dà cǎo duò yuè lái yuè shòu zuì hòu chéng le yī gè xiǎo cǎo duò shǒu qiǎo de nóng fū bǎ tā zā chéng le yī gè dào cǎo rén dāng dào cǎo rén ya huí dào shēng zhǎng guo de tián yě li zài hǎo bù guò le cǎo duò hěn mǎn yì nóng fū de ān pái
渐渐地，大草垛越来越瘦，最后成了一个小草垛，手巧的农夫把他扎成了一个稻草人。“当稻草人呀，回到生长过的田野里，再好不过了！”草垛很满意农夫的安排！

nà chéng piàn dào yāng yě dōu fēi cháng huān yíng tā de dào lái yīn wèi
那成片稻秧也都非常欢迎他的到来，因为

tā men zhèng xū yào dào cǎo rén bāng máng gǎn zǒu chán zuǐ de niǎor ne
他们正需要稻草人帮忙赶走馋嘴的鸟儿呢。

dào cǎo rén sǒng lì zài dào tián zhōng jiān yáng guāng zhào yào zhe tā wēi
稻草人耸立在稻田中间，阳光照耀着他，微

fēng chuī fú zhe tā tā shì yī gè duō me xìng fú de dà cǎo duò ya
风吹拂着他，他是一个多么幸福的大草垛呀！

（文/陈梦敏）

童话中的道理

当大草垛可以发挥作用的时候，他就觉得自己是最幸福的。我们也要向他学习，做有用的人，过有意义的生活！

蝴蝶树

nuǎn nuǎn de chūn fēng huàn xǐng le yī duǒ yòu yī duǒ měi
暖暖的春风唤醒了一朵又一朵美
lì de huār yī kē bù qǐ yǎn de xiǎo shù yě sū xǐng le tā jǔ zhe
丽的花儿。一棵不起眼的小树也苏醒了，她举着
nèn lǜ nèn lǜ de xiǎo shǒu zhǎng níng wàng zhe zhēng qí dòu yàn de huār xiàn
嫩绿嫩绿的小手掌，凝望着争奇斗艳的花儿，羡
mù de xiǎng wǒ yě yào kāi huā wǒ yào kāi chū shì jiè shang zuì piào liang de
慕地想：我也要开花！我要开出世界上最漂亮的
huār kě shì shén me yàng de huār cái shì zuì piào liang de ne zhè kě
花儿！可是什么样的花儿才是最漂亮的呢？这可
shì gè dà nán tí yào zhī dào xiǎo shù hái cóng lái méi kāi guo huār ne
是个大难题，要知道，小树还从来没开过花儿呢。
xiǎo sōng shǔ qǐng nǐ bāng wǒ xiǎng yī xiǎng wǒ yīng gāi kāi shén me yàng
“小松鼠，请你帮我想一想，我应该开什么样

de huār cái zuì piào liang xiǎo shù wèn líng qiǎo
的花儿才最漂亮？”小树问灵巧

de xiǎo sōng shǔ
的小松鼠。

wǒ kě méi gōng fu tì nǐ xiǎng
“我可没工夫替你想，

wǒ děi qù cān jiā biān huā huán bǐ sài
我得去参加编花环比赛

ne xiǎo sōng shǔ jí jí máng máng zǒu
呢！”小松鼠急急忙忙走

kāi le
开了。

xiǎo hóu zi qǐng nǐ bāng wǒ xiǎng yī xiǎng wǒ yīng gāi kāi shén me yàng
“小猴子，请你帮我想一想，我应该开什么样

de huār cái zuì piào liang xiǎo shù wèn cōng míng de xiǎo hóu zi
的花儿才最漂亮？”小树问聪明的小猴子。

wǒ kě méi gōng fu tì nǐ xiǎng wǒ děi qù cān jiā dàng qiū qiān bǐ sài
“我可没工夫替你想，我得去参加荡秋千比赛

ne xiǎo hóu zi yī huǎng jiù méi yǐngr le
呢！”小猴子一晃就没影儿了。

xiǎo tù qǐng nǐ bāng wǒ xiǎng yī xiǎng
“小兔，请你帮我想一想，

wǒ yīng gāi kāi shén me yàng de huār cái zuì
我应该开什么样的花儿才最

piào liang xiǎo shù wèn kě ài de xiǎo tù
漂亮？”小树问可爱的小兔。

wǒ kě méi gōng fu tì nǐ xiǎng
“我可没工夫替你想，

wǒ děi qù cān jiā zhāi cǎo méi bǐ sài
我得去参加摘草莓比赛

ne xiǎo tù bèngbèng tiào tiào de pǎo le
呢！”小兔蹦蹦跳跳地跑了。

xiǎo shù shī wàng jí le yīn wèi tā shí zài xiǎng bù chū gāi kāi chū
小树失望极了。因为她实在想不出该开出
shén me yàng de huār ér qiě yě méi rén bāng tā chū zhǔ yi tā chuí zhe
什么样的花儿，而且也没人帮她出主意。她垂着
tóu mèn mèn bù lè de zhàn zhe
头，闷闷不乐地站着。

xiǎo shù nǐ wèi shén me bù
“小树，你为什么不
kāi xīn yī zhī xiǎo fěn dié
开心？”一只小粉蝶
fēi lái
飞来。

wǒ bù zhī dào gāi
“我不知道该
kāi chū shén me yàng de huār
开出什么样的花儿。
chūn tiān jiù yào zǒu le rú
春天就要走了，如
guǒ wǒ hái xiǎng bù chū
果我还想不出，
nà jiù děi děng dào míng
那就得等到明
nián le xiǎo shù yōu shāng
年了。”小树忧伤
de shuō
地说。

kāi shén me huār
“开什么花儿

bìng bù zhòng yào zhòng yào de shì nǐ xǐ
并不重要，重要的是，你喜
huan shén me huār xiǎo fěn dié shuō
欢什么花儿！”小粉蝶说。
xiǎo fěn dié shuō de zhēn hǎo
小粉蝶说得真好
ya xiè xie nǐ xiǎo fěn dié
呀，“谢谢你，小粉蝶！”
xiǎo shù gāo xìng de pāi le pāi shǒu
小树高兴地拍了拍手。

xiǎo shù
小树
zhōng yú zhī dào
终于知道
dá àn le
答案了！
tā zài zhī tóu shang
她在枝头上
kāi mǎn le fěn dū dū de huā duǒ měi yī duǒ dōu xiàng yī zhī zhǎn chì yù fēi
开满了粉嘟嘟的花朵，每一朵，都像一只展翅欲飞
de hú dié
的蝴蝶！

（文/陈梦敏）

童话中的道理

小粉蝶的话说得很有道理，我们应该听从内心的想法，按照自己的心意去做事，生活会更加美好！

彩色的树

yī kē hóng hóng de shù shang yǒu yī zuò xiǎo xiǎo de hóng fáng zi lǐ miàn
一棵红红的树上有一座小小的红房子，里面
zhù zhe chuān hóng yī fu de xiǎo sōng shǔ gé zhe bù yuǎn de dì fang yī kē
住着穿红衣服的小松鼠；隔着不远的地方，一棵
jīn huáng de shù xià yǒu yī zuò huáng fáng zi lǐ miàn zhù zhe zā huáng tóu jīn de
金黄的树下有一座黄房子，里面住着扎黄头巾的
xiǎo tù zi zài yuǎn yī diǎnr de dì fang yī kē lán lán de shù páng yǒu
小兔子；再远一点儿的地方，一棵蓝蓝的树旁有
yī zuò lán fáng zi lǐ miàn zhù zhe ài zuò lán méi guǒ zi jiàng de xiǎo xióng
一座蓝房子，里面住着爱做蓝莓果子酱的小熊。

xiǎo sōng shǔ xiǎo tù zi xiǎo xióng dōu ài huà huà
小松鼠、小兔子、小熊都爱画画。

xiǎo sōng shǔ zhǐ xǐ huan hóng sè tā zhǐ huà hóng hóng de tài yáng hóng
小松鼠只喜欢红色，她只画红红的太阳、红
hóng de fēng yè hóng hóng de guǒ zi
红的枫叶、红红的果子……

xiǎo tù zi zhǐ xǐ huan huáng sè tā jiù huà huáng huáng de huā duǒ huáng
小兔子只喜欢黄色，她就画黄黄的花朵、黄

huáng de mào zi huáng huáng de qún zi
黄的帽子、黄黄的裙子……

xiǎo xióng zhǐ xǐ huan lán sè tā zǒng
小熊只喜欢蓝色，他总

shì huà lán lán de tiān lán lán de hǎi lián
是画蓝蓝的天、蓝蓝的海，连

zì jǐ de xiǎo shǒu pà yě huà chéng lán lán de
自己的小手帕，也画成蓝蓝的……

qiū tiān dào le shù shang de guǒ zi dōu chéng
秋天到了，树上的果子都成

shú le zhè tiān fēi lái yī zhī cǎi sè de niǎo
熟了。这天，飞来一只彩色的鸟。

tā dào hóng fáng zi li zuò kè xiǎo sōng shǔ rè qíng de
她到红房子里做客，小松鼠热情地

sòng tā yī xiē hóng guǒ zi tā yòu lù guò le huáng fáng
送她一些红果子；她又路过了黄房

zi xiǎo tù zi yě gāo xìng de pěng chū yī xiē huáng guǒ zi tā yòu yù shàng le
子，小兔子也高兴地捧出一些黄果子；她又遇上了

zhèng zài cǎi lán guǒ zi de xiǎo xióng xiǎo xióng yě gǎn jǐn sòng chū yī xiē xiāng tián
正在采蓝果子的小熊，小熊也赶紧送出一些香甜

de lán guǒ zi
的蓝果子。

chī le guǒ zi de xiǎo niǎo fā xiàn zhè
吃了果子的小鸟发现：这

sān zhǒng guǒ zi de guǒ ròu shì shén me yán sè
三种果子的果肉是什么颜色，

guǒ hé jiù shì shén me yán sè dān yī de
果核就是什么颜色。“单一的

sè cǎi suī rán bù cuò dàn shì xǔ duō yán sè
色彩虽然不错，但是许多颜色

hùn zài yī qǐ huì gèng měi miào xiǎo niǎo xiǎng zhe jiù bǎ sān zhǒng yán sè de
混在一起会更美妙！”小鸟想着，就把三种颜色的
guǒ hé fàng jìn tóng yī gè tǔ kēng li
果核放进同一个土坑里。

zhòng xià zhǒng zi hòu xiǎo niǎo měi tiān yòng bù tóng yán sè de shuǐ lái jiāo
种下种子后，小鸟每天用不同颜色的水来浇
guàn tā yǒu shí qǐng xiǎo tù sòng yī xiē huáng guǒ zhī yǒu shí qǐng xiǎo xióng sòng
灌。她有时请小兔送一些黄果汁，有时请小熊送
lán yán sè de shuǐ yǒu shí cóng xiǎo sōng shǔ nàr yào lái hóng zhī shuǐ
蓝颜色的水，有时从小松鼠那儿要来红汁水。

rì zi yī tiān yī tiān guò qù le zhǒng zi fā chū le cǎi sè de xiǎo
日子一天一天过去了，种子发出了彩色的小
yá xiǎo yá yòu zhǎng chéng le cǎi sè de shù gàn shù gàn shang yě shēn chū le
芽，小芽又长成了彩色的树干，树干上也伸出了
wǔ yán liù sè de zhī tiáo zhī tiáo shang yòu zhǎng chū le wǔ yán liù sè de yè
五颜六色的枝条，枝条上又长出了五颜六色的叶
piàn zhè kē shù jiù xiàng yī zhī wǔ cǎi bīn fēn de dà niǎo
片。这棵树就像一只五彩缤纷的大鸟，
zài fēng zhōng bù tíng de shān dòng zhe měi lì de chì bǎng
在风中不停地扇动着美丽的翅膀。

xiǎo sōng shǔ lái le tā fā xiàn chú le
小松鼠来了，她发现除了
hóng sè lán lǜ huáng zǐ děng yán sè
红色，蓝、绿、黄、紫等颜色
de shù yè yě dōu nà me měi
的树叶也都那么美！

xiǎo tù zi lái le tā kàn
小兔子来了，她看
dào huáng sè hé hóng lǜ lán děng
到黄色和红、绿、蓝等

yán sè pèi zài yī qǐ zhēn hǎo kàn
颜色配在一起，真好看！

xiǎo xióng lái le tā kàn dào lán sè shang tiān jiā le bié de yán sè jiù xiàng biàn xì fǎ yī yàng zhēn shén qí
小熊来了，他看到蓝色上添加了别的颜色，就像变戏法一样，真神奇！

sān gè xiǎo huǒ bàn gè zì huí jiā bān lái le gè zhǒng dān sè de mù liào pīn zài yī qǐ gài le yī zuò cǎi sè de gōng yù rán hòu tā men zhòng xià yī kē kē cǎi sè de xiǎo shù yī qǐ zuò gè zhǒng yán sè de là bǐ yī qǐ huà qī cǎi de tú huà
三个小伙伴各自回家搬来了各种单色的木料，拼在一起盖了一座彩色的公寓。然后，他们种下一棵棵彩色的小树，一起做各种颜色的蜡笔，一起画七彩的图画……

hēi cǎi sè de shēng huó kě zhēn měi lì tā men tái tóu kàn zhe cǎi sè xiǎo niǎo fēi lái fēi qù zhāi zhe cǎi sè de guǒ zi gāo xìng de xiǎng
“嘿！彩色的生活可真美丽！”他们抬头看着彩色小鸟飞来飞去摘着彩色的果子，高兴地想。

（文/ 任小霞）

童话中的道理

生活中很多东西，就像红色、黄色、蓝色……各种颜色一样，各有各的美。多去尝试和接受新事物，你会发现生活更美好。

气球鼠

yǒu yī zhī lǎo shǔ dòng bu dòng jiù shēng qì yī shēng qì ya tā de dù
有一只老鼠动不动就生气，一生气呀，她的肚
zi jiù huì gǔ de xiàng gè qiú suǒ yǐ dà jiā jiào tā qì qiú shǔ
子就会鼓得像个球，所以大家叫她“气球鼠”。

zhè yī tiān zǎo shang qì qiú shǔ yī qǐ lái kàn dào tiān yīn chén chén
这一天早上，气球鼠一起来，看到天阴沉沉
de jiù lái le qì zài dǎ kāi mā ma zuó tiān sòng de lǐ wù hé yī kàn
的，就来了气；再打开妈妈昨天送的礼物盒一看，
jìng rán kōng kōng de jiù gèng jué de qì le zhè huìr jū rán yòu chuán lái
竟然空空的，就更觉得气了；这会儿，居然又传来
lín jū hú li xiǎo jiě de gē shēng qì qiú shǔ zuì bù xǐ huan chǎo nào de zǎo
邻居狐狸小姐的歌声，气球鼠最不喜欢吵闹的早
chen le suǒ yǐ zhè qì jiù zhí wǎng dù zi li zuān hū hū hū
晨了，所以这气就直往肚子里钻……呼呼呼——

bù yī huìr qì qiú shǔ de dù
不一会儿，气球鼠的肚
zi jiù biàn de yuè lái yuè yuán yuè lái yuè dà tā gāng chū
子就变得越来越圆，越来越大，她刚出
wū zi jiù xiàng yī zhī chōng le qì de qì qiú yī yàng fēi dào le bàn kōng zhōng
屋子，就像一只充了气的气球一样飞到了半空中。

qì qiú shǔ shì gè yóu chāi ya tā jǐn guǎn ài shēng qì dàn gōng zuò hái
气球鼠是个邮差呀，她尽管爱生气，但工作还
shi hěn rèn zhēn fù zé de tā lián máng xiàng yóu jú fēi qù cóng chuāng kǒu fēi
是很认真负责的。她连忙向邮局飞去，从窗口飞
jìn le bàn gōng shì qǐng lán dài shǔ xiǎo jiě bǎ yào sòng de xìn dì gěi tā
进了办公室，请蓝袋鼠小姐把要送的信递给她。
zhè kàn dào biàn chéng qì qiú de qì qiú shǔ lán dài shǔ yī shí bù
“这……”看到变成气球的气球鼠，蓝袋鼠一时不
zhī shuō shén me hǎo xiǎng le xiǎng biàn ān wèi dào piāo zài kōng zhōng sòng xìn bù
知说什么好，想了想便安慰道，“飘在空中送信不
shì gèng fāng biàn le ma qì qiú shǔ diǎn diǎn tóu fēi chū le yóu jú
是更方便了吗？”气球鼠点点头，飞出了邮局。

dì yi feng shì yào sòng gěi shǔ nǎi nai de xìn xìn gāng hǎo luò dào
第一封是要送给鼠奶奶的信。信刚好落到
shǔ nǎi nai shǒu li shǔ nǎi nai zhǎn kāi xìn dú qǐ lái rú guǒ nín shōu
鼠奶奶手里，鼠奶奶展开信读起来——“如果您收

到信时是晴天，我的信就是一片树荫，要送给你凉爽；如果您收到信时是阴天，我的信就是太阳，要送给你温暖……”鼠奶奶读着读着便笑了起来，脸上像是有了太阳的光芒。

“原来不管晴天阴天，只要心情好，都是好天气呀！”气球鼠听了，想想自己真是白气了一回。

第二封信是送给笨笨熊的。笨笨熊看到飘在半空的气球鼠，惊讶地张大了嘴巴。不过，等到他打开自己的信时，嘴巴张得更大了——信纸上空空的，一个字也没有！“哈，我知道啦！”笨笨熊突然明白过来，大声嚷嚷着，“这空白的信是告诉我，小刺猬有一

肚子的话，这里面实在写不下……”

“这样啊？”气球鼠突然想到妈妈送的空盒子，顿时明白原来妈妈是告诉自己，她有好多好多想念装不下，有好多好多故事装不下，有好多好多叮嘱装不下……

休息的时候，气球鼠坐到一座房屋顶上。透过天窗，她看到聋耳朵的黑狼先生正在给狐狸小姐写信，一边写一边念出声音：“我的耳朵一定好喜欢收藏声音，把每一种声音都藏起来了，让我什么也听不到。我真想听你唱一支歌……”

“呀，狐狸小姐老唱歌，一定是想让喜欢声音的人都听到！”气球鼠突然很想回到早晨，去认真听一遍狐狸小姐的歌。

飘在空中的气球鼠每送一封信，都会发现一些秘密……

“我原来真不懂事，从来不去想事情的另一面。”气球鼠送完信，对蓝袋鼠小姐说，“平常那些事哪用得着生气呀！”

“呀，你的肚子……”蓝袋鼠发现，气球鼠一说完那句话，她的气球肚皮就慢慢扁下去了。气球鼠高兴地拍拍瘪了的肚子说：“我以后再也不乱生气了！”

（文/ 任小霞）

童话中的道理

遇到不开心的事情，生气是于事无补的，它反而会让情况变得更糟。我们要多往好的方面想，让自己快乐起来。

当一棵树

xiǎo lù páng shēng zhǎng zhe yī kē zhī
小路旁，生长着一棵枝
fán yè mào de dà shù
繁叶茂的大树。

dà shù jìng jìng de lì zài nàr bù
大树静静地立在那儿，不
néng zǒu yī zǒu bù néng tiào yī tiào gèng bù néng fēi
能走一走，不能跳一跳，更不能飞
yī fēi kàn zhe lù guò de dòng wù hé tiān shàng de fēi niǎo
一飞。看着路过的动物和天上的飞鸟，
dà shù jì xiàn mù yòu shāng xīn wèi shén me wǒ bù néng zǒu
大树既羡慕又伤心："为什么我不能走、
bù néng fēi wèi shén me wǒ huì shì yī kē shù ya
不能飞，为什么我会是一棵树呀？"

kě zài xiàn mù zài shāng xīn dà shù yī rán zhǐ
可再羡慕、再伤心，大树依然只
néng zhàn zài nàr yī tiān yòu yī tiān yī
能站在那儿，一天又一天，一
nián yòu yī nián
年又一年。

zhè tiān yī gè nán hái cóng
这天，一个男孩从
dà shù xià zǒu guò tā zài bèi
大树下走过，他在背

sòng yī shǒu shī wǒ duō xiǎng chéng
诵一首诗:“我多想成
wéi yī kē shù shēn zhí dà dì
为一棵树。深植大地,
yōng bào lán tiān kàn rì chū rì
拥抱蓝天。看日出日
luò mù yáng guāng yǔ lù wǒ
落,沐阳光雨露。我
ràng niǎor lái wǒ shēn shang zhù cháo tīng
让鸟儿来我身上筑巢,听
tīng tā měi miào de gē shēng zuò yī kē
听它美妙的歌声。做一棵
shù zhēn hǎo
树真好!”

dà shù tīng le nán hái bèi sòng de shī
大树听了男孩背诵的诗,
lèng zhù le tā xiàn rù le chén sī jiē
愣住了,他陷入了沉思。接
zhe tā kāi xīn de xiào qǐ lái yuán lái
着,他开心地笑起来:“原来,
zuò shén me dōu shì kuài lè de dòng wù yǒu
做什么都是快乐的,动物有
dòng wù de kuài lè niǎor yǒu niǎor
动物的快乐,鸟儿有鸟儿
de kuài lè shù yě yǒu shù de
的快乐,树也有树的
kuài lè ne
快乐呢!”

dà shù zài yě bù shāng xīn
大树再也不伤心

le qīng chén tā rè qíng de yíng jiē
了。清晨，他热情地迎接
jīn càn càn de tài yáng shēng qǐ bàng
金灿灿的太阳升起；傍
wǎn tā huān sòng hóng tóng tóng de xī
晚，他欢送红彤彤的夕
yáng chén rù xī shān tā xìng fú de
阳沉入西山。他幸福地
jiē shòu yáng guāng de zhào yào jiē shòu yǔ
接受阳光的照耀，接受雨
shuǐ de qīng xǐ tā yāo lái xiǎo niǎo zài zì
水的清洗。他邀来小鸟在自
jǐ shēn shang zuò wō měi tiān tā dōu néng tīng dào xiǎo
己身上做窝，每天他都能听到小
niǎo de gē shēng
鸟的歌声……

zuò yī kē dà shù zhēn hǎo ne
做一棵大树真好呢！

（文/张先震）

童话中的道理

每一个人都有自己的价值，有自己独特的地方，不需要羡慕别人，做自己一样很快乐！

一点儿都不可怕

老婆婆独自一人住在一座孤零零的小房子里。她有一片菜园子，每天清晨，她都会从菜园里摘一篮蔬菜，到镇上去卖。每天傍晚，老婆婆卖完了蔬菜，就会买一些肉、蘑菇和鱼虾，然后回家一个人吃饭。

回家的路有两条。当老婆婆还是小女孩时，大人就告诫她，如果走那条路口长着枣树的路，就会发生可怕的事情。所以，老婆婆从来都没有

zǒu guo nà tiáo lù
走过那条路。

hěn duō nián guò qù le dāng nián dǎn xiǎo de xiǎo
很多年过去了，当年胆小的小
nǚ hái yǐ jīng chéng le lǎo nǎi nai dǎn zi yě biàn dà le tā zhōng yú rěn
女孩已经成了老奶奶，胆子也变大了。她终于忍
bù zhù hào qí jué dìng zǒu zǒu zhè tiáo lù kǒu zhǎng zhe zǎo shù de lù kàn
不住好奇，决定走走这条路口长着枣树的路，看
kàn jiū jìng huì fā shēng shén me kě pà de shì qing
看究竟会发生什么可怕的事情。

zǒu zài zhè tiáo lù shang mǎn yǎn dōu shì huāng cǎo lǎo pó po de xīn
走在这条路上，满眼都是荒草，老婆婆的心
pū tōng pū tōng tiào gè fēi kuài fā shēng shén me shì le ne shén me yě méi
扑通扑通跳个飞快。发生什么事了呢？什么也没
fā shēng a zhǐ shì huāng cǎo bèi fēng chuī de sōu sōu sōu xiǎng xiàng yǒu yī qún
发生啊。只是荒草被风吹得嗖嗖嗖响，像有一群
xiǎo tù zi zài cuān lái cuān qù
小兔子在蹿来蹿去。

lǎo pó po chuān guò huāng cǎo dì zǒu jìn yī kuài zǐ sè de huā tián
老婆婆穿过荒草地，走进一块紫色的花田。

tā de xīn yòu pū tōng pū tōng tiào de fēi
她的心又扑通扑通跳得飞
kuài fā shēng shén me shì le
快。发生什么事了
ne shén me yě méi fā
呢？什么也没发
shēng a zhǐ yǒu guàn
生啊。只有灌
mù cóng zhōng chuán lái yī zhèn
木丛中传来一阵
xī xī sū sū de shēng yīn xiàng yǒu
窸窸窣窣的声音，像有
yī qún xiǎo lǎo shǔ zài pǎo lái pǎo qù
一群小老鼠在跑来跑去。

lǎo pó po zǒu guò huā tián tà shàng le yī tiáo xiǎo ní lù tā de
老婆婆走过花田，踏上了一条小泥路。她的
xīn yòu pū tōng pū tōng tiào de fēi kuài fā shēng shén me shì le ne shén
心又扑通扑通跳得飞快。发生什么事了呢？什
me yě méi fā shēng a zhǐ yǒu jiǎo biān de huā cóng li chuán lái yī zhèn guā
么也没发生啊。只有脚边的花丛里传来一阵呱
guā guā de shēng yīn xiàng yǒu yī qún qīng wā zài
呱呱的声音，像有一群青蛙在
shuō huà
说话。

lǎo pó po zǒu dào le
老婆婆走到了
cūn kǒu de yī kē dà zǎo shù
村口的一棵大枣树
xià tā de xīn yòu pū tōng
下。她的心又扑通

pū tōng tiào de fēi kuài fā shēng shén me shì le ne shén me yě méi fā
扑通跳得飞快。发生什么事了呢？什么也没发
shēng a zhǐ yǒu ní dì shang fā chū gē zhī gē zhī de shēng yīn xiàng yǒu
生啊。只有泥地上发出咯吱咯吱的声音，像有
yī qún xiǎo cì wei zài kěn shān hé tao
一群小刺猬在啃山核桃。

zhōng yú lǎo pó po dào jiā le
终于，老婆婆到家了，
tā cháng cháng de shū le yī kǒu qì
她长长地舒了一口气。
zhèng yào zuò xià lái
正要坐下来
xiū xi tū rán yī zhī
休息，突然，一只
xiǎo cì wei pá dào lǎo pó
小刺猬爬到老婆

婆的肩膀上，刺了一下她的脖子；一只青蛙跳到老婆婆的脸上，舔了一下她的鼻子；一只小老鼠蹿到老婆婆的手心里，蹬了蹬腿。这些小东西是从哪儿来的呀，老婆婆惊讶极了，她转念一想：哦，原来刚才我只顾着赶路，都不知道这些小东西躲进了我的篮子里。

哈哈，这一点儿都不可怕啊！从此，老婆婆和小兔子、小老鼠、小青蛙、小刺猬，快快乐乐地生活在了一起。

（文/许萍萍）

童话中的道理

很多时候，消除恐惧的最佳办法就是勇敢面对，然后把真相找出来。

月亮升起来了

xiǎo nǚ wū màn màn yào qù cān jiā mó fǎ dà huì
小女巫曼曼要去参加魔法大会。
tā xū yào zhǔn bèi yī bǎ sào zhou yī dǐng mó fǎ mào yī jiàn mó fǎ pī
她需要准备一把扫帚、一顶魔法帽、一件魔法披
jiān hé yī chuàn mó fǎ shǒu liàn
肩和一串魔法手链。

tài yáng xià shān de shí hou jiù shì màn màn yào chū fā de shí jiān
太阳下山的时候，就是曼曼要出发的时间。

tài yáng yào xià shān le tài yáng yào xià shān le màn màn de nào
“太阳要下山了，太阳要下山了。”曼曼的闹
zhōng tū rán jiān shēng jiān qì de jiào qǐ lái zhèng zài dàng qiū qiān de màn màn
钟突然尖声尖气地叫起来。正在荡秋千的曼曼
gù bu de chuān hǎo xié zi gǎn jǐn fēi bēn jìn wū zi li
顾不得穿好鞋子，赶紧飞奔进屋子里。

tā xiān yào zhǎo dào tā de shuǐ jīng mó fǎ shǒu liàn
她先要找到她的水晶魔法手链。

běn lái tā shì fàng zài dì èr gè chōu
“本来，它是放在第二个抽
ti li de hòu lái wǒ hǎo xiàng bǎ tā fàng
屉里的。后来，我好像把它放
zài guì zi li le zài hòu lái tā zài zhěn
在柜子里了。再后来，它在枕
tou xià miàn chū xiàn guo màn màn zhǎo ya
头下面出现过……” 曼曼找呀

找呀，找了好久好久，才在床底下的一只尖头木屐里看见了它。

“哎哟，你又要迟到了。”闹钟对曼曼说。

“给我闭嘴，我的魔法披肩呢？”魔法披肩本来是挂在墙上的，可是曼曼常常穿着它扮演大侠，扮演魔术师，扮演黑夜女神，扮演……所以，披肩有时候会躺在沙发里，有时候会盖在小花圃上。这次找披肩，曼曼也用了好长好长的时间，最后竟然在烟囱上找到了它。“昨天，我去屋顶上扮

yǎn hēi yè nǚ shén wàng jì bǎ pī jiān ná xià lái le
演黑夜女神，忘记把披肩拿下来了。”

āi yō nǐ zài bù gǎn jǐn tiě dìng huì chí dào de nào zhōng
“哎哟，你再不赶紧，铁定会迟到的。”闹钟
cuī cù dào
催促道。

gěi wǒ bì zuǐ zhǐ yào yuè liang hái méi chū lái wǒ jiù néng gǎn
“给我闭嘴，只要月亮还没出来，我就能赶
shàng zhè cì mó fǎ dà huì kě shì kě shì wǒ de mó fǎ mào ne
上这次魔法大会。可是，可是我的魔法帽呢？
wǒ de mó fǎ sào zhou ne màn màn bù nài fán le cǐ shí tiān
我的魔法扫帚呢？”曼曼不耐烦了。此时天
mǎ shàng jiù yào hēi le tiān mù
马上就要黑了，天幕
shang chū xiàn le dì yī kē xiǎo
上出现了第一颗小
xīng xing wán le
星星。“完了

完了，月亮马上就要出来了。怎么办呢？”曼曼太着急了，她的魔法帽和魔法扫帚明明刚才还在的，现在却好像和她躲起猫猫来。

“跟你说过不下200次，扫帚、帽子、披肩和手链，是一个女巫非常非常重要的东西，你得好好珍惜它们，好好对待它们。不仅如此，它们还是每一年魔法大会的门票。门票，懂吗？没有它们，你就走不进魔法殿堂的大门了。”闹钟叽里呱啦地讲

gè bù tíng
个不停。

hǎo le bié fán le
“好了，别烦了，

wǒ yǐ jīng gǎn bù shàng zhè cì
我已经赶不上这次

mó fǎ dà huì le màn màn kàn zhe shēng
魔法大会了！”曼曼看着升

qǐ de yuè liang jǔ sàng de shuō tā zuì
起的月亮沮丧地说。她最

bù yuàn yì zài mó fǎ dà huì de nà tiān wǎn
不愿意在魔法大会的那天晚

shang kàn jiàn yuè liang shēng qǐ lái le
上，看见月亮升起来了。

zhè shì màn màn dì cì cuò guò mó
这是曼曼第53次错过魔

fǎ dà huì míng nián huì zěn
法大会，明年会怎

me yàng ne
么样呢？

（文/许萍萍）

不管去哪里，我们出发之前要先制订好计划，并把行李整理好。平时注意培养自己的条理性，这样做起事情来就不会手忙脚乱了。

只要一片就够了

yáng guāng míng mèi de chūn tiān cì wei hé lín jū men zuò zài táo shù xià
阳光明媚的春天，刺猬和邻居们坐在桃树下

děng zhe táo huā chuī luò
等着桃花吹落。

wǒ xiǎng jiǎn yī piàn táo huā bàn tiē zài wǒ de bō li chuāng shang
“我想捡一片桃花瓣，贴在我的玻璃窗上。

nà yī dìng hěn hǎo kàn yǎn shǔ shuō
那一定很好看！”鼹鼠说。

wǒ xiǎng jiǎn yī piàn táo huā bàn huà yī fú dì tú jì gěi wǒ yuǎn fāng
“我想捡一片桃花瓣，画一幅地图寄给我远方

de hǎo péng you qǐng tā lái wǒ jiā zuò kè huā māo shuō
的好朋友，请他来我家做客。”花猫说。

wǒ xiǎng jiǎn yī piàn táo huā bàn sāi dào mā ma de zhěn tou li zhè
“我想捡一片桃花瓣，塞到妈妈的枕头里，这

yàng tā měi tiān dōu néng wén dào táo huā de xiāng wèi le tù zi shuō
样她每天都能闻到桃花的香味了。”兔子说。

yī piàn táo huā bàn zěn me gòu ne wǒ yào xǔ duō xǔ duō de táo
“一片桃花瓣怎么够呢？我要许多许多的桃
huā bàn yòng tā men lái zhǔ tāng zuò tián jiàng zhì xiāng shuǐ cì wei
花瓣，用它们来煮汤，做甜酱，制香水……”刺猬
tān xīn de xiǎng
贪心地想。

huā yī zhèn dà fēng chuī lái táo huā xiàng yī zhī zhī fěn sè de
哗——一阵大风吹来。桃花像一只只粉色的
hú dié cóng kōng zhōng piāo luò fēng lái le fēng lái le táo huā piāo qǐ
蝴蝶，从空中飘落。“风来了，风来了，桃花飘起
lái le dà jiā dōu yào qù jiǎn táo huā
来了！”大家都要去捡桃花。

dàn shì gū lū lū cì wei fēi kuài de xiàng qián gǔn zhuàng dào le
但是——骨碌碌，刺猬飞快地向前滚，撞到了

yǎn shǔ gū lū lū cì wei fēi kuài de xiàng hòu gǔn cì shāng le xiǎo huā
鼹鼠。骨碌碌，刺猬飞快地向后滚，刺伤了小花
māo gū lū lū cì wei kāi shǐ xiàng zuǒ gǔn le āi yō bié pèng wǒ
猫。骨碌碌，刺猬开始向左滚了。“哎哟，别碰我。”
tù zi xià kū le
兔子吓哭了。

cì wei cái bù guǎn ne tā gǔn guò lái yòu gǔn guò qù bǎ dì shang
刺猬才不管呢，她滚过来，又滚过去，把地上
suǒ yǒu de huā bàn dōu zhān dào le zì jǐ de bèi shang
所有的花瓣都沾到了自己的背上。

huí jiā lou cì wei hǎo xiàng shén me dōu méi yǒu kàn jiàn shì de
“回家喽！”刺猬好像什么都没有看见似的，
tā cái bù guǎn shuāi dǎo zài shù xià de yǎn shǔ
她才不管摔倒在树下的鼹鼠、
tuǐ shang zhèng zài liú xuè de huā māo hé xià kū
腿上正在流血的花猫和吓哭
le de tù zi ne
了的兔子呢。

cì wei bēi zhe mǎn shēn táo
刺猬背着满身桃
huā wǎng jiā li pǎo yī qún
花往家里跑。一群
mì fēng wén dào le huā xiāng
蜜蜂闻到了花香，
dōu cóng fēng wō li fēi le
都从蜂窝里飞了
chū lái zhēn xī qí
出来。“真稀奇
a shì yī kē
啊，是一棵

huì bēn pǎo de ǎi táo shù tā men kàn zhe pǎo dòng de cì wei shuō dào
会奔跑的矮桃树。”他们看着跑动的刺猬说道。

wēng wēng wēng cì wei fēi kuài de pǎo ya pǎo mì fēng men zài hòu miàn
嗡嗡嗡！刺猬飞快地跑呀跑，蜜蜂们在后面
jǐn jǐn de zhuī zhe hěn kuài jiù zhuī shàng le tā men fēn fēn dīng zài cì wei
紧紧地追着，很快就追上了。他们纷纷叮在刺猬
de shēn shang liǎn shang
的身上，脸上。

hǎo tòng hǎo yǎng hǎo kě pà cì wei wā lā wā lā de kū le
“好痛，好痒，好可怕！”刺猬哇啦哇啦地哭了。

yǎn shǔ gǎn lái le huā māo hé tù zi yě gǎn lái le tā men duì xiǎo
鼹鼠赶来了，花猫和兔子也赶来了，他们对小
mì fēng shuō xiǎo mì fēng xiǎo mì fēng zhè shì yī kē jiǎ shù hé biān de
蜜蜂说：“小蜜蜂，小蜜蜂，这是一棵假树，河边的
nà kē cái shì zhēn de táo shù nǐ men qù nàr cǎi mì ba
那棵才是真的桃树，你们去那儿采蜜吧！”

mì fēng men fēi zǒu le cì wei de liǎn zhǒng de xiàng gè dà bāo zi
蜜蜂们飞走了，刺猬的脸肿得像个大包子。

yǎn shǔ ná lái zhǐ tòng yào huā māo ná lái xiāo
鼹鼠拿来止痛药，花猫拿来消
dú shuǐ tù zi
毒水，兔子
shǐ jìn gěi xiǎo
使劲给小
cì wei shān fēng
刺猬扇风。

nǐ men zhēn hǎo cì wei yǒu diǎnr nán wéi qíng
“你们真好！”刺猬有点儿难为情。

tā bǎ shēn shang de táo huā bàn dǒu luò xià lái fēn gěi le sān gè lín jū
她把身上的桃花瓣抖落下来，分给了三个邻居。

wǒ zhǐ yào yī piàn jiù gòu le wǒ yào yòng tā lái huà huà cì
“我只要一片就够了，我要用它来画画。”刺

wei zài huā bàn shang huà le yǎn shǔ huā māo tù zi hái yǒu tā zì jǐ
猬在花瓣上画了鼹鼠、花猫、兔子，还有她自己。

cì wei gěi zhè fú huà qǔ le yī gè hǎo tīng de míng zi hǎo
刺猬给这幅画取了一个好听的名字——好

lín jū yě shì hǎo péng you
邻居也是好朋友。

（文/许萍萍）

童话中的道理

刺猬学会了分享，才收获了三位新朋友。我们学会分享，也能交到更多的好朋友，收获更多的快乐。

黑乌鸦还是黑乌鸦

hēi wū yā men jué de zì jǐ chǒu suǒ yǐ dōu xiǎng biàn chéng cǎi sè wū
黑乌鸦们觉得自己丑，所以都想变成彩色乌
yā měi lì xiǎo wū pó dā ying bāng zhù tā men fēn gěi tā men qī gè kǒu
鸦。美丽小巫婆答应帮助他们，分给他们七个口
dai ràng tā men qù shōu jí gè zhǒng yán sè
袋，让他们去收集各种颜色。

dì èr tiān hēi wū yā men bēi zhe kǒu dai huí lái le měi lì xiǎo
第二天，黑乌鸦们背着口袋回来了。美丽小
wū pó shuō bǎ nǐ men zhǎo lái de yán sè dào jìn guō li ba zhǐ jiàn
巫婆说："把你们找来的颜色倒进锅里吧。"只见
shù shang diào zhe yī kǒu dà guō guō li zhuāng mǎn le shuǐ qī zhī hēi wū yā
树上吊着一口大锅，锅里装满了水。七只黑乌鸦

yī gè jiē zhe yī gè fēi shàng qù bǎ
一个接着一个飞上去，把
kǒu dai li de dōng xi dào jìn guō li
口袋里的东西倒进锅里。
měi lì xiǎo wū pó niàn le jù zhòu
美丽小巫婆念了句咒
yǔ guō li de shuǐ jiù gū lū
语，锅里的水就咕噜
gū lū de fān téng qǐ lái
咕噜地翻腾起来。

nǐ men dōu zhàn dào shù dǐ xia qù
“你们都站到树底下去，
zhǐ yào xǐ gè cǎi sè zǎo jiù huì biàn chéng
只要洗个彩色澡就会变成
cǎi sè wū yā le měi lì xiǎo wū pó shuō
彩色乌鸦了。”美丽小巫婆说。

wū yā men gāo gāo xìng xìng de zhàn zài shù dǐ xia guō li de shuǐ pēn
乌鸦们高高兴兴地站在树底下，锅里的水喷
sǎ xià lái luò zài wū yā men de shēn shang shuǐ tíng le wū yā men zhēng
洒下来，落在乌鸦们的身上。水停了，乌鸦们睁
kāi yǎn jing yí zì jǐ zěn me hái shi
开眼睛。咦？自己怎么还是
wū hēi wū hēi de shèn zhì bǐ yuán
乌黑乌黑的，甚至比原
lái hái yào hēi
来还要黑！

zěn me huì zhè yàng
“怎么会这样？”
hēi wū yā men wèn
黑乌鸦们问。

wèn nǐ men zì jǐ ya nǐ men wǎng guō
“问你们自己呀，你们往锅
li dào de shì shén me měi lì xiǎo wū pó shuō
里倒的是什么？”美丽小巫婆说。

wǒ cǎi le hóng cǎo méi kě zài lái de lù shang bèi wǒ chī diào le
“我采了红草莓，可在来的路上被我吃掉了。”
dà wū yā nán wéi qíng de shuō wǒ xiǎng fǎn zhèng hái yǒu bié de yán sè
大乌鸦难为情地说，“我想，反正还有别的颜色，
quē gè hóng yán sè yě méi guān xi
缺个红颜色也没关系。”

wǒ cǎi le dài lǜ shù yè kě bēi zhe tā tài lèi wǒ jiù bǎ shù
“我采了袋绿树叶，可背着它太累，我就把树
yè rēng le èr wū yā hóng zhe liǎn shuō wǒ xiǎng fǎn zhèng hái yǒu bié de
叶扔了。”二乌鸦红着脸说，“我想，反正还有别的
yán sè quē gè lǜ yán sè yě méi guān xi
颜色，缺个绿颜色也没关系。”

yuán lái qī zhī hēi wū yā dōu shì zhè yàng xiǎng zhè yàng zuò de
原来七只黑乌鸦都是这样想、这样做的。

nà nǐ men dào jìn guō li de shì shén me měi lì xiǎo wū pó wèn
“那你们倒进锅里的是什么?”美丽小巫婆问。

hēi shí tou tā men shuō wū yā men fēi dào zhè lǐ zhī dào bēi zhe
“黑石头。”他们说。乌鸦们飞到这里,知道背着
kōng kǒu dai bù hǎo jiāo dài jiù dōu jiǎn le kuài hēi shí tou fàng zài kǒu dai li
空口袋不好交代,就都捡了块黑石头放在口袋里。

zài gěi wǒ men yī cì jī huì ba hēi wū yā men xiàng měi lì xiǎo
“再给我们一次机会吧!”黑乌鸦们向美丽小
wū pó kěn qiú dào
巫婆恳求道。

měi lì xiǎo wū pó yáo yáo
美丽小巫婆摇摇
tóu fēi zǒu le suǒ yǐ zhí
头,飞走了。所以,直
dào jīn tiān hēi wū yā
到今天,黑乌鸦
hái shi hēi wū yā
还是黑乌鸦!

(文/苏梅)

童话中的道理

七只乌鸦不懂得合作,才让自己变得更加黑了。我们要明白,每个人都应该在合作中担起责任,这样才能把事情做好!

会唱催眠曲的小矮人

sēn lín li zhù zhe qī gè xiǎo ǎi rén tā men kuài lè de zài yī qǐ
森林里住着七个小矮人，他们快乐地在一起

shēng huó dà jiā dōu hěn xǐ huan chàng gē
生活，大家都很喜欢唱歌。

yī tiān lái le yī gè lán jù rén tā shuō wǒ dé le shī mián
一天，来了一个蓝巨人，他说：“我得了失眠

zhèng wǒ cháng shì tǎng zài shā mò li dà hǎi biān gāo shān shang jié guǒ hái
症。我尝试躺在沙漠里、大海边、高山上，结果还

shi shuì bù zháo xiàn zài zhǐ néng dào sēn lín li lái shì yī shì le
是睡不着，现在只能到森林里来试一试了。”

qī gè xiǎo ǎi rén jué de lán jù rén hěn kě lián jué dìng bāng bāng tā
七个小矮人觉得蓝巨人很可怜，决定帮帮他。

yī gè xiǎo ǎi rén shuō wǒ men kě yǐ gěi tā zhǔ cuī mián tāng ràng
一个小矮人说："我们可以给他煮催眠汤，让
tā hē le kuài kuài shuì
他喝了快快睡。"

yú shì yǒu de xiǎo ǎi rén shàng shān qù cǎi cuī mián huā yǒu de xiǎo
于是，有的小矮人上山去采催眠花，有的小
ǎi rén xià hǎi qù lāo cuī mián cǎo yǒu de xiǎo ǎi rén zài jiā shēng huǒ shāo kāi shuǐ
矮人下海去捞催眠草，有的小矮人在家生火烧开水。

gū lū lū gū lū lū cuī mián huā tiào qǐ wǔ cuī mián cǎo zuò
"咕噜噜，咕噜噜，催眠花跳起舞，催眠草做
qǐ cāo cuī mián tāng xiāng pēn pēn qī gè xiǎo ǎi rén wéi zhe dà tiě guō
起操，催眠汤香喷喷……"七个小矮人围着大铁锅
chàng qǐ le gē
唱起了歌。

cuī mián tāng zhǔ hǎo le lán jù rén duān qǐ yī guō cuī mián tāng wǎng zuǐ ba
催眠汤煮好了，蓝巨人端起一锅催眠汤往嘴巴
li dào āi yā yā cuī mián tāng hái bù gòu tā hē bàn kǒu
里倒。哎呀呀，催眠汤还不够他喝半口。

ài zěn me bàn qī gè xiǎo ǎi rén zhēn fā chóu
唉，怎么办？七个小矮人真发愁！

yī gè xiǎo ǎi rén shuō wǒ men kě yǐ gěi tā zuò cuī mián
一个小矮人说："我们可以给他做催眠
zhěn tou ràng tā zhěn zhe
枕头，让他枕着
zhěn tou kuài kuài shuì
枕头快快睡。"

yú shì qī gè xiǎo
于是七个小

ǎi rén pá shàng shān qù cǎi cuī
矮人爬上山，去采催
mián shù de shù yè cuī mián shù tài
眠树的树叶。催眠树太
gāo le xiǎo ǎi rén men jiù yī gè dié zhe yī
高了，小矮人们就一个叠着一
gè ràng zhàn zài zuì shàng miàn de xiǎo ǎi rén cǎi
个，让站在最上面的小矮人采
zhāi cuī mián shù yè
摘催眠树叶。

tā men yòng cǎi lái de shù yè zuò le yī
他们用采来的树叶做了一
gè cuī mián zhěn tou lán jù rén tǎng xià lái
个催眠枕头。蓝巨人躺下来，
kě shì zhè ge zhěn tou duì tā lái shuō tài xiǎo le
可是这个枕头对他来说太小了。
ài zěn me bàn qī gè xiǎo ǎi rén zhēn fā chóu
唉，怎么办？七个小矮人真发愁。

yī gè xiǎo ǎi rén shuō wǒ men xiǎo shí hou dōu
一个小矮人说："我们小时候都
shì tīng zhe mā ma chàng de cuī mián qǔ shuì zháo de wǒ
是听着妈妈唱的催眠曲睡着的，我
men lái gěi tā chàng cuī mián qǔ ba
们来给他唱催眠曲吧！"

yú shì qī gè xiǎo ǎi rén pái chéng yī pái
于是，七个小矮人排成一排，
chàng qǐ le róu hé de cuī
唱起了柔和的催
mián qǔ
眠曲。

lán jù rén jīng yà jí le shì jiè shang hái
蓝巨人惊讶极了："世界上还
yǒu zhè me dòng tīng de gē qǔ a
有这么动听的歌曲啊！"
hā lán jù rén dǎ le
"哈——" 蓝巨人打了
yī gè hā qian hā hā
一个哈欠；"哈——哈
lán jù rén dǎ le liǎng
——"蓝巨人打了两
gè hā qian hū lū
个哈欠；呼噜
lū lán jù rén
噜，蓝巨人
zhōng yú shuì
终于睡
zháo le
着了。

qī gè xiǎo ǎi rén jǐ zài yī qǐ yě shuì zháo le tā men lèi huài le
七个小矮人挤在一起也睡着了。他们累坏了，
shì yīng gāi hǎo hǎo shuì yī jiào le
是应该好好睡一觉了。

（文/苏梅）

童话中的道理

我们做事情不仅要学会团结合作，还要学会找到正确的方法，这样才更容易达到目标。

一群绵羊出门去

yī qún mián yáng chū mén qù bèi dà huī láng dīng shàng le
一群绵羊出门去，被大灰狼盯上了。
mián yáng fā xiàn le dà huī láng biàn pīn mìng de pǎo pǎo dào yī
绵羊发现了大灰狼，便拼命地跑，跑到一
kē guāng tū tū de dà shù xià yī gè jiē yī gè pá shàng shù dà huī láng
棵光秃秃的大树下，一个接一个爬上树。大灰狼
zhuī shàng lái zhǐ kàn dào yī kē bái huā huā de shù
追上来，只看到一棵白花花的树。

yī qún mián yáng chū mén qù yòu bèi dà huī láng dīng shàng le mián yáng
一群绵羊出门去，又被大灰狼盯上了。绵羊
men pīn mìng de pǎo pǎo dào mián huā dì li duǒ le qǐ lái dà huī láng zhuī
们拼命地跑，跑到棉花地里躲了起来。大灰狼追
shàng lái zhǐ kàn jiàn yī piàn bái huā huā de mián huā dì
上来，只看见一片白花花的棉花地。

yī qún mián yáng chū mén qù
一群绵羊出门去，
yòu bèi dà huī láng kàn jiàn le zhè
又被大灰狼看见了。这
huí méi yǒu guāng tū tū de dà shù
回没有光秃秃的大树，
yě méi yǒu bái huā huā de mián huā dì
也没有白花花的棉花地，
mián yáng men méi chù duǒ zěn me bàn ne mián yáng dà dà cháo tiān shàng zhāo zhāo
绵羊们没处躲，怎么办呢？绵羊大大朝天上招招
shǒu zhāo lái xǔ duō bái yún tā men qí zhe bái yún fēi dào le tiān shàng dà
手，招来许多白云，他们骑着白云飞到了天上。大
huī láng zhuī shàng lái zhǐ kàn jiàn yī piàn bái yún piāo dàng zài kōng zhōng
灰狼追上来，只看见一片白云飘荡在空中。

mián yáng dà dà shuō táo pǎo yě bù shì bàn fǎ wǒ men hái shi liàn
绵羊大大说："逃跑也不是办法，我们还是练
hǎo běn lǐng ba yú shì yī qún mián yáng měi tiān zǎo zǎo qǐ liàn qǐ le
好本领吧。"于是，一群绵羊每天早早起，练起了
miē miē zhèn
"咩咩阵"。

yī qún mián yáng chū mén qù yòu yù
一群绵羊出门去，又遇
dào le dà huī láng zhè huí mián yáng men bù
到了大灰狼。这回绵羊们不
duǒ yě bù pǎo wéi zhù dà huī láng bǎi kāi
躲也不跑，围住大灰狼摆开
le miē miē zhèn tā men wéi
了"咩咩阵"。他们围
zhe dà huī láng zhuàn ya zhuàn
着大灰狼转呀转，

zhuàn chéng le yī gè tóng qiáng tiě bì dà
转成了一个铜墙铁壁。大
huī láng dōng pǎo xī cuàn xiǎng tū chū bāo
灰狼东跑西窜，想突出包
wéi kě shì bèi yáng jiǎo dǐng de bí qīng
围，可是被羊角顶得鼻青
liǎn zhǒng hún shēn shì shāng
脸肿，浑身是伤。

yǐ hòu dà huī láng zài yě bù gǎn
以后，大灰狼再也不敢
qī fu mián yáng le
欺负绵羊了。

yī qún mián yáng chū mén qù kàn kàn lán lán de
一群绵羊出门去，看看蓝蓝的
tiān chī chī nèn nèn de cǎo rì zi guò de zhēn
天，吃吃嫩嫩的草，日子过得真
shì shū fu jí le
是舒服极了！

（文/苏梅）

童话中的道理

遇到困难时，逃避是不能解决问题的。我们要向这群小绵羊学习，学会真正的本领，然后勇敢地面对困境，解决问题。

小熊心里的三块石头

xiǎo xióng dī zhe tóu màn tūn tūn de zǒu zhe yī
小熊低着头，慢吞吞地走着，一
bù yī bù dōng dōng dōng
步，一步，咚，咚，咚……

xiǎo xióng nǐ shēng bìng le ma wèi shén me zǒu de màn tūn tūn de
“小熊，你生病了吗？为什么走得慢吞吞的？”
shù gōng gong wèn xiǎo xióng mō zhe xiōng kǒu shuō wǒ xīn lǐ zhuāng zhe sān kuài
树公公问。小熊摸着胸口说：“我心里装着三块
shí tou hǎo zhòng
石头，好重！”

nǐ yǒu shén me bù kāi xīn de shì néng shuō gěi wǒ tīng tīng ma
“你有什么不开心的事，能说给我听听吗？”

wǒ bù shuō nǐ huì xiào hua wǒ de
“我不说，你会笑话我的。”

wǒ yǐ wǒ de nián líng fā shì bù huì xiào hua nǐ shù gōng gong
“我以我的年龄发誓，不会笑话你。”树公公

lǚ zhe cháng hú zi shuō
捋着长胡子说。

wǒ shì zuǒ piě zi xiě zì ná kuài zi dōu yòng zuǒ shǒu
“我是左撇子，写字、拿筷子都用左手。”

xiǎo xióng nán wéi qíng de shuō wǒ de zuǒ shǒu bì bǐ yòu shǒu bì cū
小熊难为情地说，“我的左手臂比右手臂粗。”

zhè shuō míng nǐ de yòu nǎo hěn fā dá nǐ hěn cōng míng shù gōng gong shuō
“这说明你的右脑很发达，你很聪明。”树公公说，

zuǒ shǒu yīn wèi yòng de duō suǒ yǐ bǐ yòu shǒu yào cū xiē zhè yǒu shén me guān xì nǐ qiáo wǒ de měi gēn shù zhī dōu bù yī yàng cū
“左手因为用得多，所以比右手要粗些，这有什么关系？你瞧，我的每根树枝都不一样粗。”

xiǎo xióng tīng dào dōng de yī shēng xīn lǐ de yī kuài shí tou luò dì le tā jué de hǎo shòu xiē le
小熊听到咚的一声，心里的一块石头落地了，他觉得好受些了。

xiǎo xióng jì xù wǎng qián zǒu yī bù yī bù dōng dōng
小熊继续往前走，一步，一步，咚，咚……

xiǎo xióng nǐ de jiǎo niǔ le ma wèi shén me zǒu de màn tūn tūn de
“小熊，你的脚扭了吗？为什么走得慢吞吞的？”

hǔ mā ma wèn xiǎo xióng pāi pāi xiōng kǒu shuō wǒ xīn lǐ zhuāng zhe liǎng kuài shí
虎妈妈问。小熊拍拍胸口说：“我心里装着两块石

tou zǒu bù dòng
头，走不动。”

bǎ nǐ de xīn shì shuō gěi wǒ tīng tīng ba hǔ mā ma shuō
“把你的心事说给我听听吧！”虎妈妈说。

wǒ tōu le fēng mì bèi mì fēng men wéi gōng xiǎo xióng nán wéi
“我偷了蜂蜜，被蜜蜂们围攻……”小熊难为

qíng de wǔ zhù liǎn dà jiā huì xiào hua wǒ de
情地捂住脸，“大家会笑话我的。”

bù ài chī fēng mì nà hái jiào
“不爱吃蜂蜜，那还叫

xióng ma hǔ mā ma hé ǎi de shuō
熊吗？”虎妈妈和蔼地说，

xiǎo hái zi zuǐ ba chán hěn zhèng cháng
“小孩子嘴巴馋很正常，

yǐ hòu zhǐ yào guǎn zhù zì jǐ
以后只要管住自己

de zuǐ bù zài tōu chī jiù
的嘴，不再偷吃就

shì le
是了。”

xiǎo xióng yòu tīng dào dōng de yī shēng
小熊又听到咚的一声，

xīn lǐ de yī kuài shí tou yòu luò dì le tā jué de qīng sōng xiē le
心里的一块石头又落地了，他觉得轻松些了。

xiǎo xióng jì xù màn tūn tūn de wǎng qián zǒu yī bù yī bù dōng
小熊继续慢吞吞地往前走，一步，一步，咚……

xiǎo xióng nǐ dù zi è le ma wèi shén me zǒu de màn tūn tūn de
“小熊，你肚子饿了吗？为什么走得慢吞吞的？”

xiǎo niǎo wèn xiǎo xióng zhǐ zhǐ xiōng kǒu shuō wǒ xīn lǐ yǒu kuài shí tou zǒu bù kuài
小鸟问。小熊指指胸口说：“我心里有块石头，走不快。”

bǎ nǐ de xīn shì shuō chū lái ba
“把你的心事说出来吧！”

xiǎo xióng cóng kǒu dai li mō chū yī gè kǒu qín wǒ jiǎn le yī gè kǒu qín dàn wǒ yī zhí méi yǒu huán gěi shī zhǔ
小熊从口袋里摸出一个口琴：“我捡了一个口琴，但我一直没有还给失主。”

nà nǐ bǎ tā huán le bù jiù dé le
“那你把它还了不就得了！”

xiǎo niǎo shuō zěn me huán ne xiǎo xióng
小鸟说。“怎么还呢？”小熊

shuō wǒ yòu bù zhī dào shì shéi diū de
说，“我又不知道是谁丢的。”

xiǎo niǎo xiǎng le xiǎng shuō xiě
小鸟想了想，说：“写

zhāng shī wù zhāo lǐng qǐ shì ba shī
张‘失物招领’启事吧，失

zhǔ kàn dào le jiù huì lái wèn
主看到了就会来问

nǐ ná de
你拿的。”

tài hǎo le xiǎo xióng yòu tīng dào dōng de yī shēng tā de xīn lǐ
“太好了！”小熊又听到咚的一声，他的心里

méi yǒu le shí tou jué de qīng sōng jí le
没有了石头，觉得轻松极了！

xiǎo xióng chuī le liǎng xià kǒu qín jué dìng huí jiā xiě shī wù zhāo lǐng
小熊吹了两下口琴，决定回家写“失物招领”

qǐ shì qù tā kuài bù zǒu zhe tī tà tī tà
启事去，他快步走着，踢踏、踢踏……

（文/苏梅）

童话中的道理

如果有烦心的事，就会像有块沉甸甸的石头搁在心底一样。向别人倾诉，或寻求帮助吧！这样石头就能掉下来，我们才能轻松起来！

黑猫的朋友是白猫

hēi māo de péng you shì bái māo hēi māo zài shū shang kàn dào le
“黑猫的朋友是白猫。”黑猫在书上看到了
zhè jù huà cóng nà yǐ hòu hēi māo jiù zhī dào zì jǐ yào zhǎo shén me yàng
这句话，从那以后，黑猫就知道自己要找什么样
de péng you le
的朋友了。

hēi māo měi tiān yào zuò de shì qing chú le chī fàn shuì jiào jiù shì xún
黑猫每天要做的事情除了吃饭睡觉就是寻
zhǎo bái māo zhè ge chéng shì de māo bù duō bái māo jiù gèng nán zhǎo le
找白猫。这个城市的猫不多，白猫就更难找了。

yǒu yī zhī piào liang de zǐ sè huā māo tán tǔ jǔ zhǐ dōu hěn yōu
有一只漂亮的紫色花猫，谈吐举止都很优
yǎ hái hěn shàn liáng tā hé hēi māo chéng le hǎo péng you hēi māo hěn xǐ
雅，还很善良，她和黑猫成了好朋友。黑猫很喜
huan huā māo zhǐ shì rú guǒ tā shì yī zhī bái māo jiù hǎo le hēi māo
欢花猫，只是，如果她是一只白猫就好了。黑猫

xiǎng nà yàng wǒ men jiù kě yǐ zuò zuì zuì yào hǎo de péng you le
想：那样，我们就可以做最最要好的朋友了。

huā māo zhī dào le hēi māo de xīn si jiù zài yě méi lái zhǎo guo
花猫知道了黑猫的心思，就再也没来找过
tā hēi māo yǒu diǎnr hòu huǐ le dàn shì tā hái shi xī wàng zhǎo yī
他。黑猫有点儿后悔了，但是他还是希望找一
zhī bái māo zuò péng you
只白猫做朋友。

yī tiān hēi māo zhēn de yù dào le yī zhī bái māo tā hé nà zhī huā
一天，黑猫真的遇到了一只白猫，她和那只花
māo yī yàng yōu xiù zhèng shì hēi māo lǐ xiǎng zhōng de péng you hé bái māo zuò
猫一样优秀，正是黑猫理想中的朋友。和白猫做
péng you hēi māo jué de zì jǐ hěn xìng fú
朋友，黑猫觉得自己很幸福。

yǒu yī tiān hēi māo hé bái māo cóng jiāo wài
有一天，黑猫和白猫从郊外
huí lái hēi māo de jiǎo shang zhā le yī gēn cì
回来，黑猫的脚上扎了一根刺，
hǎo tòng a suī rán bái māo bāng tā bǎ cì cóng ròu
好痛啊！虽然白猫帮他把刺从肉
diàn zi shang bá xià lái le kě shì tā zǒu lù shí hái shi
垫子上拔下来了，可是他走路时还是
yī bǒ yī bǒ de
一跛一跛的。

tiān tū rán xià qǐ le yǔ bái māo
天突然下起了雨，白猫
zhāi le liǎng piàn hé yè tā men dǐng zhe hé
摘了两片荷叶，他们顶着荷
yè wǎng qián zǒu hēi māo zěn me
叶往前走。黑猫怎么

yě zǒu bù kuài tā duì bái māo shuō
也走不快，他对白猫说：
nǐ xiān huí qù ba bié péi zhe wǒ
“你先回去吧，别陪着我
lín yǔ le
淋雨了。”

bái māo zěn me huì rēng xià hǎo péng
白猫怎么会扔下好朋
you bù guǎn ne tā fú zhe hēi māo màn màn
友不管呢？她扶着黑猫慢慢
de zǒu yǔ yuè xià yuè dà bái māo què yuè lái yuè jǐn zhāng hēi māo tū rán
地走。雨越下越大，白猫却越来越紧张。黑猫突然
fā xiàn bái māo yuán lái bù shì bái sè de yǔ shuǐ chōng zǒu le tā shēn shang de
发现，白猫原来不是白色的，雨水冲走了她身上的
bái sè lù chū le zǐ sè de huā bān
白色，露出了紫色的花斑。

yuán lái shì nǐ ya hēi māo shuō
“原来是你呀。”黑猫说。

zǐ sè huā māo fā xiàn zì jǐ bèi
紫色花猫发现自己被
shí pò shāng xīn de shuō nǐ
识破，伤心地说：“你
xiàn zài zhī dào wǒ bù shì bái māo
现在知道我不是白猫
le wǒ men zuò bù chéng péng you le
了，我们做不成朋友了。”

hēi māo lā zhe huā māo de
黑猫拉着花猫的
shǒu jī dòng de shuō bù bù
手，激动地说：“不！不！

bù guǎn nǐ shì bái māo hái shi huā māo
不管你是白猫还是花猫，

nǐ dōu shì wǒ de péng you zuì
你都是我的朋友，最

hǎo de péng you
好的朋友！”

yǔ tíng le tiān biān chū
雨停了，天边出

xiàn le yī dào měi lì de qī sè
现了一道美丽的七色

cǎi hóng zhè duì hǎo péng you
彩虹，这对好朋友

kāi xīn de xiào le qǐ lái
开心地笑了起来。

yī huí dào jiā hēi māo jiù zhǎo chū le nà běn shū zhè shí tā cái
一回到家，黑猫就找出了那本书，这时他才

fā xiàn shū shang shì zhè yàng xiě de hēi māo de péng you shì bái māo huò
发现书上是这样写的：黑猫的朋友是白猫，或

zhě shì huā māo yě kě néng shì hēi māo
者是花猫，也可能是黑猫……

kàn lái shū shang shuō de méi cuò zhǐ guài zì jǐ méi kàn wán
看来书上说的没错，只怪自己没看完。

（文/龚房芳）

童话中的道理

真正的朋友与外表无关，而在于有没有一颗真诚的心。我们可不要因为外表而错失一位真正的好朋友。

兔子镇的格子服

tù zi zhèn liú xíng gé zi yī fu zhèn shang de jū mín dōu yǐ chuān gé
兔子镇流行格子衣服，镇上的居民都以穿格
zi fú wéi shí shàng fú zhuāng diàn de lǎo bǎn fěn hóng tù yīn cǐ kě fā cái
子服为时尚，服装店的老板粉红兔因此可发财
le tā mǎi lái dà liàng de gé zi bù zuò chū xǔ duō gé zi fú tā
了。她买来大量的格子布，做出许多格子服。她
dōu kāi le bā jiā fēn diàn le kě hái shi máng bù guò lái
都开了八家分店了，可还是忙不过来。

zhí dào yǒu yī tiān fěn hóng tù fā xiàn bā jiā diàn zài yě méi yǒu mài
直到有一天，粉红兔发现八家店再也没有卖
chū qù yī jiàn yī fu tā cái zhī dào suǒ yǒu de tù zi dōu chuān shàng le gé
出去一件衣服，她才知道所有的兔子都穿上了格

zi fú tā men yǐ jīng bù xū yào gèng duō de gé zi fú le yào mìng de
子服，他们已经不需要更多的格子服了。要命的
shì diàn li hái shèng xià hǎo duō de gé zi bù ne
是，店里还剩下好多的格子布呢。

māo mī zhèn de huáng māo xiǎo jiě shì fěn hóng tù de hǎo péng you yī
猫咪镇的黄猫小姐是粉红兔的好朋友。一
tiān tā lái tù zi zhèn zhǎo fěn hóng tù yī jìn xiǎo zhèn tā jiù jīng dāi le
天，她来兔子镇找粉红兔，一进小镇她就惊呆了，
dà jiē shang quán shì chuān gé zi fú de tù zi zhè shì nǐ men de zhèn fú
大街上全是穿格子服的兔子。“这是你们的镇服
ma huáng māo xiǎo jiě hào qí de wèn fěn hóng tù
吗？”黄猫小姐好奇地问粉红兔。

jiù shì tā de zhè jù huà ràng fěn hóng tù yòu yǒu le xīn zhǔ yi
就是她的这句话，让粉红兔又有了新主意。
dì èr tiān quán guó de jū mín dōu kàn dào tù zi zhèn de diàn shì guǎng gào
第二天，全国的居民都看到兔子镇的电视广告：
nǐ xiǎng cān guān zuì dà de gé zi zhèn ma nǐ xiǎng kàn dào chuān yī yàng
“你想参观最大的格子镇吗？你想看到穿一样
yī fu de tù zi ma nǐ xiāng xìn zì jǐ néng fēn qīng tù zi shéi shì shéi
衣服的兔子吗？你相信自己能分清兔子谁是谁
ma qǐng dào tù zi zhèn lái kàn
吗？请到兔子镇来看
yī kàn ba
一看吧！”

jiù zhè yàng lái tù zi zhèn
就这样，来兔子镇
de yóu kè yuè lái yuè duō yóu
的游客越来越多。游
kè men dōu dào fěn hóng tù de diàn
客们都到粉红兔的店

li zuò le gé zi fú lín zǒu hái
里做了格子服，临走还
mǎi zǒu le gé zi bù wán jù tù
买走了格子布玩具兔、
gé zi bù chá bēi tào gé zi
格子布茶杯套、格子
bù bēi bāo
布背包。

fěn hóng tù diàn li de gé
粉红兔店里的格
zi bù hěn kuài jiù mài de chà bu
子布很快就卖得差不
duō le fěn hóng tù biàn jiāng shèng xià de bù quán dōu cái chéng xiǎo xiǎo de bù piàn
多了，粉红兔便将剩下的布全都裁成小小的布片，
zuò chéng jīng zhì de gé zi shū qiān
做成精致的格子书签。

fán shì lái tù zi zhèn de yóu kè zhǐ yào ài dú shū de dōu kě
凡是来兔子镇的游客，只要爱读书的，都可
yǐ dé dào fěn hóng tù zèng sòng de gé zi shū qiān zhè kě shì qí tā dì fang
以得到粉红兔赠送的格子书签，这可是其他地方
mǎi bù dào de yo
买不到的哟。

（文/龚房芳）

童话中的道理

遇到问题，只要多开动脑筋，办法就会源源不断地从脑子里蹦出来！小朋友要多动脑筋哟！

找到快乐的小雨点儿

yǒu yī dī xiǎo yǔ diǎnr cóng tiān shàng luò xià lái de shí hou tā
有一滴小雨点儿，从天上落下来的时候，他

duì zì jǐ shuō wǒ yào zuò yī dī kuài lè de xiǎo yǔ diǎnr
对自己说："我要做一滴快乐的小雨点儿！"

xiǎo yǔ diǎnr luò zài le yī gè shén me dì fang ne
小雨点儿落在了一个什么地方呢？

sì zhōu hēi hēi de shén me yě kàn bù jiàn
四周黑黑的，什么也看不见。

zhè lǐ shì shén me dì fang ya xiǎo yǔ diǎnr fēi cháng shāng xīn
"这里是什么地方呀？"小雨点儿非常伤心，

xiàn zài wǒ zuò bù chéng kuài lè de xiǎo yǔ diǎnr le
"现在我做不成快乐的小雨点儿了！"

nǐ hǎo wa xiǎo yǔ diǎnr yǒu shēng yīn chuán lái wǒ shì xiǎo
"你好哇，小雨点儿！"有声音传来，"我是小

wō niú nǐ wèi shén me zhè me shāng xīn ne
蜗牛，你为什么这么伤心呢？”

xiǎo wō niú wǒ xiàn zài zài nǎ lǐ
“小蜗牛？我现在在哪里

ya xiǎo yǔ diǎnr wèn
呀？”小雨点儿问。

zài wǒ de ké li ya
“在我的壳里呀！”

xiǎo wō niú huí dá huān yíng nǐ
小蜗牛回答，“欢迎你

lái hé wǒ zuò bàn
来和我做伴！”

wǒ bù yào hé nǐ zuò bàn xiǎo yǔ diǎnr gèng jiā shāng xīn le
“我不要和你做伴！”小雨点儿更加伤心了，

wǒ yào zuò yī dī kuài lè de xiǎo yǔ diǎnr
“我要做一滴快乐的小雨点儿！”

ó kuài lè de xiǎo yǔ diǎnr xiǎo wō niú wèn xiǎo yǔ diǎnr
“哦，快乐的小雨点儿？”小蜗牛问小雨点儿，

nà nǐ shuō shuō shén me shì kuài lè ne
“那你说说什么是快乐呢？”

xiǎo yǔ diǎnr xiǎng le yī xià huí dá kuài lè jiù shì ràng zì jǐ gāo
小雨点儿想了一下回答：“快乐就是让自己高

xìng qǐ lái ya
兴起来呀！”

nà nǐ zhǎo dào kuài lè le ma xiǎo wō niú yòu wèn
“那你找到快乐了吗？”小蜗牛又问。

wǒ yǐ jīng diào jìn nǐ de ké li le hái zěn me zhǎo a
“我已经掉进你的壳里了，还怎么找啊？”

nǐ lái de zhèng hǎo wǒ yě hěn bù kuài lè nǐ néng bù néng ràng wǒ
“你来得正好，我也很不快乐，你能不能让我

kuài lè qǐ lái ne
快乐起来呢？”

zhēn de ma nà wǒ gěi nǐ chàng yī shǒu ér gē ba zhè
“真的吗？那我给你唱一首儿歌吧，这
shì wǒ cóng tiān shàng xià lái de shí hou gāng xiě hǎo de ne
是我从天上下来的时候刚写好的呢！”

xiǎo yǔ diǎnr kāi shǐ gěi xiǎo wō niú
小雨点儿开始给小蜗牛
chàng qǐ ér gē lái
唱起儿歌来：

xiǎo yǔ diǎnr tiān shàng zhù
小雨点儿，天上住，
gāo xìng la tiào qǐ wǔ
高兴啦，跳起舞。
tóu cháo xià fān gēn tou
头朝下，翻跟头，
shuā lā lā zhēn shì kù
唰啦啦，真是酷！
tiào de huā hóng cǎor lǜ
跳得花红草儿绿，
dòu de é tiào yā zi wǔ
逗得鹅跳鸭子舞！
zhè shì shén me wǔ
这是什么舞？
shuā lā lā zhēn shì kù
唰啦啦，真是酷！
gào su nǐ zhè jiù shì
告诉你，这就是——
yǔ diǎnr wǔ bù
雨点儿舞步！

hā hā hā zhēn hǎo tīng xiǎo wō niú kāi xīn de xiào qǐ lái
“哈哈哈，真好听！”小蜗牛开心地笑起来。

hā hā hā nǐ kuài lè
“哈哈哈，你快乐

qǐ lái la xiǎo yǔ diǎnr
起来啦！”小雨点儿

yě kāi xīn de xiào le
也开心地笑了。

shì de wǒ xiàn zài hěn kuài lè xiǎo
“是的，我现在很快乐！”小

wō niú shuō nǐ xiàn zài bù yě hěn kuài lè ma
蜗牛说，“你现在不也很快乐嘛！”

zhēn de ne xiǎo yǔ diǎnr hěn jīng yà
“真的呢！”小雨点儿很惊讶。

hā hā hā nǐ zhǎo dào kuài lè le nǐ zhī dào zhè shì wèi
“哈哈哈，你找到快乐了，你知道这是为

shén me ma xiǎo wō niú wèn
什么吗？”小蜗牛问。

zhè shì wèi shén me ne xiǎo yǔ diǎnr hái shi bù míng bai
“这是为什么呢？”小雨点儿还是不明白。

xiǎo wō niú rèn zhēn de gào su xiǎo yǔ diǎnr gěi bié rén dài lái kuài
小蜗牛认真地告诉小雨点儿：“给别人带来快

lè zì jǐ yě huì kuài lè a
乐，自己也会快乐啊！”

（文/李宏声）

童话中的道理

快乐是会传染的。给别人带来快乐，自己也会收获快乐；给别人的快乐越多，自己拥有的快乐也就越多！

谁来和我玩

xiǎo kǒu dai bù bù shì gè xiǎo gè zi yòng tā zhuāng yù mǐ tā jiù
小口袋布布是个小个子，用他装玉米，他就
yáo tóu shuō zhuāng bù xià zhuāng bù xià jié guǒ yù mǐ sǎ le yī dì
摇头说：“装不下，装不下！”结果玉米撒了一地。
yòng tā zhuāng tǔ dòu tā jiù shēng qì de shǐ jìn duò jiǎo shuō qì huà pò tǔ
用他装土豆，他就生气地使劲跺脚说气话：“破土
dòu làn tǔ dòu jié guǒ tǔ dòu méi dào jiā jiù biàn chéng le tǔ dòu ní
豆，烂土豆！”结果土豆没到家，就变成了土豆泥。
nǐ shuō shéi hái gǎn yòng tā lái zhuāng dōng xi ne
你说谁还敢用他来装 东西呢？

méi rén lǐ wǒ wǒ zì jǐ chū qù wán
“没人理我，我自己出去玩！”

bù bù pǎo dào hé biān kàn jiàn xiǎo huàn xióng zài diào yú tā zǒu shàng
布布跑到河边，看见小浣熊在钓鱼，他走上
qián tào zhù xiǎo huàn xióng de tóu shuō cāi cāi wǒ shì shéi
前套住小浣熊的头，说：“猜猜我是谁？”

zhè shí zhèng hǎo yǒu yī tiáo dà yú shàng gōu le
这时，正好有一条大鱼上钩了，
xiǎo huàn xióng zháo jí de hǎn méi kòng cāi kuài ná kāi nǐ de shǒu
小浣熊着急地喊：“没空猜，快拿开你的手！”

wǒ shì bù hái méi děng bù bù shuō wán huà tū rán zhàn qǐ
“我是布……”还没等布布说完话，突然站起
lái de xiǎo huàn xióng chà yī diǎnr jiù zāi jìn le hé li
来的小浣熊差一点儿就栽进了河里。

qù qù qù nǐ zhēn tǎo yàn xiǎo huàn xióng shēng qì de bǎ bù bù
“去去去，你真讨厌！”小浣熊生气地把布布
shuǎi dào le shù shang
甩到了树上。

bù bù juē zhe zuǐ shēng qì de shuō bù wán jiù bù wán
布布噘着嘴生气地说：“不玩就不玩！”

zài kōng zhōng bù bù kàn jiàn yī zhī xiǎo niǎo fēi guò ta zhuī shàng qù
在空中，布布看见一只小鸟飞过，他追上去
yī xià zi bǎ xiǎo niǎo tào zhù shuō cāi cai wǒ shì shéi
一下子把小鸟套住，说：“猜猜我是谁？”

zài kōng zhōng bèi méng zhù yǎn jing duō wēi xiǎn ya bù xiǎng cāi nǐ bù
在空中被蒙住眼睛多危险呀，“不想猜，你不

躲开的话，我就啄你啦！”小鸟真的开始啄了。

“好痛，好痛！”布布从空中掉落到了地上，小鸟从布布怀里飞走了。

“为什么大家都不喜欢我呢？”布布抖落身上的泥土，低头向前走去。

“咦，这是什么？”布布在地上发现了一个线轴，用脚踩上去还能滑动呢。于是，布布把线轴揣进了怀里。没走多远，他又捡到了一只铁皮小罐头盒，一个空玻璃瓶……

布布怀里的东西越来越多，他一跳起来就好像有东西在怀里唱歌呢。

“你好，你有一只车轱辘吗？”忽然，一个小小的声音在布布的耳旁响起。

hē shì yī zhī xiǎo huī shǔ
嗬，是一只小灰鼠。

wǒ de chē gū lu diū le yī zhī
“我的车轱辘丢了一只。”

bù bù rè xīn de shuō
布布热心地说：

wǒ zhè lǐ yǒu yī zhī xiàn zhóu yě néng huá dòng de nǐ kàn kàn kě yǐ dài tì chē gū lu ma
“我这里有一只线轴，也能滑动的，你看看可以代替车轱辘吗？”

wǒ shì shì xiǎo huī shǔ fēi kuài de bǎ xiàn zhóu ān zài zì jǐ de xiǎo chē shang dī dī yā méi xiǎng dào xiǎo chē néng kāi le
“我试试！”小灰鼠飞快地把线轴安在自己的小车上。嘀嘀！呀，没想到，小车能开了。

xiǎo huī shǔ dài zhe bù bù rèn shi le xiǎo qīng wā bù bù bǎ tiě pí xiǎo hé sòng gěi le ài měi de xiǎo qīng wā dàng jìng zi bù bù yòu rèn shi le xiǎo lǐ yú hái bǎ bō li píng sòng gěi le tā zhuāng zhēn zhū
小灰鼠带着布布认识了小青蛙，布布把铁皮小盒送给了爱美的小青蛙当镜子；布布又认识了小鲤鱼，还把玻璃瓶送给了她装珍珠……

（文/陈琪敬）

童话中的道理

朋友之间要互相帮助、乐于分享，这样，大家才能友好相处哟！

风的衣裳

fēng yī zhí xiǎng yào yī jiàn měi lì de yī shang
风一直想要一件美丽的衣裳。

tiān biān de yún xiá chuān zhe wǔ cǎi bān lán de yī shang hǎo kàn jí le
天边的云霞穿着五彩斑斓的衣裳，好看极了。

fēng kàn jiàn le shuō yún jiě jie bǎ nǐ de yī shang jiè wǒ chuān chuān ba
风看见了，说："云姐姐，把你的衣裳借我穿穿吧。"

yún xiá shuō zhè yī shang shì tài yáng gōng gong sòng gěi wǒ de nǐ chuān bù liǎo
云霞说："这衣裳是太阳公公送给我的，你穿不了

a fēng yī shēng qì bǎ yún xiá chuī de hǎo yuǎn hǎo yuǎn
啊。"风一生气，把云霞吹得好远好远。

xiǎo huáng lí chuān zhe nèn huáng de wài yī zài zhī tóu chàng zhe gē fēng kàn
小黄鹂穿着嫩黄的外衣在枝头唱着歌。风看

jiàn le shuō xiǎo huáng lí bǎ nǐ de wài yī jiè wǒ chuān chuān ba xiǎo
见了，说："小黄鹂，把你的外衣借我穿穿吧。"小

huáng lí shuō zhè wài yī shì wǒ de yǔ máo gěi bù liǎo nǐ a fēng yī
黄鹂说："这外衣是我的羽毛，给不了你啊。"风一

shēng qì bǎ xiǎo huáng lí de wō chuī luò dào dì shang
生气，把小黄鹂的窝吹落到地上。

yī gè xiǎo nǚ hái chuān zhe měi lì de qún zi zài cǎo dì shang xī xì
一个小女孩穿着美丽的裙子在草地上嬉戏。
fēng kàn jiàn le shuō xiǎo mèi mei bǎ nǐ de qún zi jiè wǒ chuān chuān ba
风看见了，说：“小妹妹，把你的裙子借我穿穿吧。”
xiǎo nǚ hái shuō á gěi le nǐ wǒ chuān shén me ya fēng yī shēng qì
小女孩说：“啊？给了你我穿什么呀？”风一生气，
bǎ huī chén chuī jìn le xiǎo nǚ hái de yǎn jing xiǎo nǚ hái kū le
把灰尘吹进了小女孩的眼睛，小女孩哭了。

fēng mā ma lái le yán lì de pī píng le fēng fēng dī xià tóu shuō
风妈妈来了，严厉地批评了风。风低下头，说：
mā ma wǒ cuò le kě wǒ zhēn de hǎo xiǎng yào yī jiàn piào liang de yī shang
“妈妈，我错了，可我真的好想要一件漂亮的衣裳。”

hái zi qí shí wǒ men zhèng chuān zhe zuì piào liang de yī shang ne nǐ
“孩子，其实我们正穿着最漂亮的衣裳呢。你
duì zhe nà kē liǔ shù qīng qīng de chuī yī kǒu qì mā ma shuō fēng qīng qīng
对着那棵柳树轻轻地吹一口气。”妈妈说。风轻轻
yī chuī liǔ shù zhǎng chū le nèn lǜ de yè zi fēng kě gāo xìng le ā
一吹，柳树长出了嫩绿的叶子。风可高兴了：“啊，

duō piào liang de lǜ yī shang a
多漂亮的绿衣裳啊！”

hái zi zài duì zhe nà kē táo shù chuī yī
“孩子，再对着那棵桃树吹一

chuī mā ma jiē zhe shuō fēng zài qīng qīng yī chuī fěn
吹。”妈妈接着说。风再轻轻一吹，粉

hóng de táo huā kāi le fēng xīng fèn jí le ā wǒ
红的桃花开了。风兴奋极了：“啊，我

gèng xǐ huan zhè jiàn fěn sè de yī shang
更喜欢这件粉色的衣裳！”

xiàn zài fēng biàn chéng le yī gè hé shàn
现在，风变成了一个和善

de hái zi tā qīng qīng de chuī chuī lǜ
的孩子。他轻轻地吹，吹绿

le yè zi chuī kāi le wǔ yán liù sè
了叶子，吹开了五颜六色

de huār chuī chū le shǔ yú zì
的花儿，吹出了属于自

jǐ de zuì měi lì de yī shang
己的最美丽的衣裳。

（文/张甲男）

童话中的道理

别人的东西再好也不属于自己。与其羡慕别人拥有的，倒不如看看自己拥有什么，也许你已经拥有了最美好的东西。

兔妈妈的百宝盒

tù mā ma yǒu yī gè fēi cháng piào liang de mù hé zi hé miàn shang diāo
兔妈妈有一个非常漂亮的木盒子，盒面上雕
zhe měi lì de huā wén shàng miàn hái guà zhe yī bǎ liàng jīng jīng de xiǎo yín suǒ
着美丽的花纹，上面还挂着一把亮晶晶的小银锁。

měi dāng tù mā ma yī biàn biàn cā zhe hé zi de shí hou yōu yōu tù
每当兔妈妈一遍遍擦着盒子的时候，优优兔
zǒng shì xiǎng hé zi li yī dìng zhuāng mǎn le bǎo bèi
总是想：盒子里一定装满了宝贝！

zhè kě shì yī gè dà mì mì ya yōu yōu tù de xīn cháng cháng bèi
“这可是一个大秘密呀！”优优兔的心常常被

zhè ge mì mì nòng de pēng pēng zhí tiào běn lái tā fā shì yào bǎo shǒu mì
这个秘密弄得怦怦直跳。本来她发誓要保守秘
mì de dàn tā hái shi rěn bù zhù bǎ zhè ge dà mì mì gào su le hǎo péng
密的，但她还是忍不住把这个大秘密告诉了好朋
you měi měi jī měi měi jī dā ying wèi yōu yōu tù bǎo mì dàn hái shi rěn
友美美鸡。美美鸡答应为优优兔保密，但还是忍
bù zhù gào su le jī mā ma
不住告诉了鸡妈妈。

jī mā ma shì sēn lín li de dà lǎ ba shēng gè jī dàn dōu yào jiào
鸡妈妈是森林里的大喇叭，生个鸡蛋都要叫
shàng bàn tiān hé kuàng shì zhī dào le yī gè zhè me dà de mì mì ne hěn
上半天，何况是知道了一个这么大的秘密呢。很
kuài sēn lín li de suǒ yǒu jū mín dōu zhī dào le tù mā ma yǒu yī gè bǎi
快，森林里的所有居民都知道了兔妈妈有一个百
bǎo hé dà jiā fēn fēn cāi xiǎng hé zi li dào dǐ zhuāng le shén me bǎo bèi
宝盒，大家纷纷猜想盒子里到底装了什么宝贝。

zhè ge xiāo xi yě chuán dào le dà huī láng de ěr duo li tā xiǎng
这个消息也传到了大灰狼的耳朵里。他想：
hé zi li yī dìng zhuāng mǎn le shǎn shǎn fā liàng de bǎo shí
盒子里一定装满了闪闪发亮的宝石
huò xiàng liàn wǒ bǎ tā tōu lái bù
或项链，我把它偷来，不
jiù shì zì jǐ de le ma
就是自己的了吗？

zhè tiān wǎn shang dà huī
这天晚上，大灰
láng qiāo qiāo de tiào jìn yōu yōu
狼悄悄地跳进优优
tù de jiā li tōu zǒu le zhè
兔的家里，偷走了这

个沉甸甸的木盒子。

丢失了百宝盒，兔妈妈马上报了警。黑狗警官很快就来了，他详细地询问兔妈妈的被盗情况。

兔妈妈说：“这是一个百宝盒，里面装满了各种宝贝！有闪闪发亮的宝石、晶莹剔透的玛瑙、柔软光滑的衣服……更重要的是还有一幅大艺术家的画！”

天哪！这个百宝盒里的宝贝太贵重了！这得马上破案才行。黑狗警官连忙侦查现场，他在窗口上发现了一对脚印，一个小偷的身影马上出现在他的脑海里。

第二天，黑狗警官又开着警车来到了优优兔的家里，他还带来了小偷大灰

láng xiǎng bu dào dà huī láng què xiǎn de fēi
狼！想不到大灰狼却显得非
cháng shēng qì zhè ge pò hé zi zěn me dōu dǎ bù kāi shéi zhī dào lǐ miàn
常生气："这个破盒子怎么都打不开，谁知道里面
zhuāng de shì shén me dōng xi
装的是什么东西！"

yuán lái dà huī láng tōu le bǎi bǎo hé hòu yòu shì qiāo yòu shì zuàn yòu
原来，大灰狼偷了百宝盒后，又是敲又是钻又
shì chuí què zěn me dōu dǎ bù kāi zhèng dāng tā zhǔn bèi jù kāi hé zi de
是锤，却怎么都打不开，正当他准备锯开盒子的
shí hou hēi gǒu jǐng guān jí shí zhuā zhù le tā
时候，黑狗警官及时抓住了他。

kuài diǎn dǎ kāi hé zi lái kàn kàn ba sēn lín li de jū mín
"快点打开盒子来看看吧！"森林里的居民
dōu hěn hào qí zhè shí tù mā ma qīng qīng de duì zhe mù hé shuō mā
都很好奇。这时，兔妈妈轻轻地对着木盒说："妈
ma ài yōu yōu tù hā xiǎo yín suǒ yìng shēng ér kāi duō me shén qí
妈爱优优兔！"哈！小银锁应声而开。多么神奇

de bǎi bǎo hé ya
的百宝盒呀！

yōu yōu tù lián máng bāng máng bǎ gài zi dǎ kāi yō mǎn mǎn yī hé
优优兔连忙帮忙把盖子打开。哟！满满一盒
de bǎo bèi ne yí zhè bù dōu shì zì jǐ hěn jiǔ yǐ qián wán guo de
的宝贝呢！咦？这不都是自己很久以前玩过的、
yòng guo de dōng xi ma xiǎo hé biān jiǎn de é luǎn shí yuán liū liū de bō
用过的东西吗？小河边捡的鹅卵石、圆溜溜的玻
li qiú xiǎo xiǎo de dù dōu shǒu pà hái yǒu yī fú gěi mā ma huà de huà
璃球、小小的肚兜、手帕……还有一幅给妈妈画的画！

nǐ què dìng zhè xiē jiù shì nǐ shuō de bǎo bèi ma hēi gǒu jǐng guān
“你确定这些就是你说的宝贝吗？”黑狗警官
rèn zhēn de wèn tù mā ma
认真地问兔妈妈。

shì de tù mā ma yī shǒu lā zhe yōu yōu tù yī shǒu bào zhe
“是的！”兔妈妈一手拉着优优兔，一手抱着
bǎi bǎo hé diǎn zhe tóu shuō tài bàng la mā ma men dōu xiàn mù de kàn
百宝盒点着头说。“太棒啦！”妈妈们都羡慕地看

zhe tù mā ma de bǎi bǎo hé
着兔妈妈的百宝盒。

bù jiǔ sēn lín li
不久，森林里

suǒ yǒu de mā ma men dōu
所有的妈妈们都

yǒu le zì jǐ de bǎi bǎo
有了自己的百宝

hé lǐ miàn zhuāng mǎn le gè
盒，里面装满了各

zhǒng bǎo bèi yòu guò le bù jiǔ yōu yōu tù měi měi jī děng hái zi men
种宝贝。又过了不久，优优兔、美美鸡等孩子们

yě dōu yǒu le zì jǐ de bǎi bǎo hé la
也都有了自己的百宝盒啦！

xiàn zài mù jiàng xióng yé ye měi tiān dōu hěn máng
现在，木匠熊爷爷每天都很忙，

dīng dīng dāng dāng tā yòu zài zuò zhe
叮叮！当当……他又在做着

shéi de bǎi bǎo hé ne
谁的百宝盒呢？

（文/张炜儿）

童话中的道理

在妈妈的心里，世间最珍贵的宝贝就是自己的孩子，这宝贝千金不换。对于小朋友来说，世间最珍贵最难得的宝贝是妈妈的爱，这宝贝万金难买！

变来变去的宝贝猪

宝贝猪最怕别人说他长大了，他总是说：“我还小，我还小。”

小小的宝贝猪，要猪妈妈喂饭、穿衣、洗澡……宝贝猪只需要张张嘴、伸伸手、抬抬脚……他什么事情都不用做。

有时，猪妈妈也会让宝贝猪干点活，可宝贝猪总是说：“我还小，还干不了活。”他天天这么说，一点儿都没发现自己真的越变越小了。

yī tiān zhū mā ma yào wài chū mǎi dōng
一天，猪妈妈要外出买东

xi bǎo bèi zhū mǎ shàng biàn chéng le gēn pì
西，宝贝猪马上变成了跟屁

chóng chǎo zhe mā ma wǒ yě yào qù
虫，吵着：“妈妈，我也要去。”

bǎo bèi zhū yǐ jīng zhǎng dà le
“宝贝猪已经长大了，

guāi guāi zài jiā ba zhū mā ma hǒng zhe
乖乖在家吧！”猪妈妈哄着

bǎo bèi zhū
宝贝猪。

kě shì bǎo bèi zhū kū zhe bù
可是，宝贝猪哭着不

ràng zhū mā ma zǒu bù yào bù yào wǒ hái xiǎo āi yō bǎo bèi
让猪妈妈走：“不要！不要！我还小。”哎哟，宝贝

zhū yòu biàn xiǎo le yī diǎnr
猪又变小了一点儿。

jiù zhè yàng yī tiān tiān guò qù le bǎo bèi zhū yuè biàn yuè xiǎo
就这样，一天天过去了，宝贝猪越变越小。

qiáo tā biàn chéng le yī zhī bā zhang dà xiǎo de xiǎo xiǎo zhū
瞧！他变成了一只巴掌大小的小小猪！

zhè xià bǎo bèi zhū kě kāi xīn le tā
这下，宝贝猪可开心了，他

xiàn zài kě yǐ zuān jìn mā ma de bāo li mā
现在可以钻进妈妈的包里，妈

ma qù nǎ lǐ tā dōu kě yǐ gēn zhe zǒu
妈去哪里，他都可以跟着走。

gèng ràng bǎo bèi zhū gāo xìng de shì mā ma
更让宝贝猪高兴的是：妈妈

zài yě bù jiào tā gàn huó le yīn wèi xiǎo xiǎo de tā shén me dōu zuò bù liǎo
再也不叫他干活了，因为小小的他什么都做不了。

dàn bù jiǔ ràng bǎo bèi zhū bù gāo xìng de shì qing yě gēn zhe lái le
但不久，让宝贝猪不高兴的事情也跟着来了。

bǎo bèi zhū zuì xǐ huan pāi pí qiú le dàn pí qiú duì yú xiàn zài de
宝贝猪最喜欢拍皮球了，但皮球对于现在的
tā lái shuō tài dà le xiǎo xiǎo de bǎo bèi zhū zěn me kě néng pāi de dòng
他来说，太大了，小小的宝贝猪怎么可能拍得动？
xiǎo huǒ bàn men yě bù hé tā wán qiāo qiāo bǎn le yīn wèi bǎo bèi zhū tài
小伙伴们也不和他玩跷跷板了，因为宝贝猪太
qīng le wú fǎ bǎ bié rén qiào qǐ lái
轻了，无法把别人翘起来。

gèng kě pà de shì yǐ qián shì xiǎo bu diǎn
更可怕的是，以前是小不点
de mī mī māo biàn chéng le dà gè zi mī mī māo
的咪咪猫变成了大个子咪咪猫，
tā zhàn zài bǎo bèi zhū de miàn qián jiù xiàng yī zhī
她站在宝贝猪的面前，就像一只
dà lǎo hǔ
大老虎！

tiān na tài kě pà le
“天哪！太可怕了！
wǒ jiàn dào le yī zhī dà lǎo hǔ
我见到了一只大老虎！”
bǎo bèi zhū huāng huāng zhāng zhāng de
宝贝猪慌慌张张地
wǎng jiā li pǎo
往家里跑。

huí dào jiā li bǎo bèi
回到家里，宝贝

zhū kàn zhe měi wèi de xuě gāo kāi shǐ wèi gè zi xiǎo
猪看着美味的雪糕，开始为个子小
ér fā chóu le xiàn zài tā gēn běn ná bù qǐ miàn qián de zhè bǎ shǎn shǎn
而发愁了。现在他根本拿不起面前的这把闪闪
fā liàng de sháo zi tā zhǐ hǎo yòng zuǐ ba tiǎn zhe xuě gāo chī gǎo de mǎn liǎn
发亮的勺子，他只好用嘴巴舔着雪糕吃，搞得满脸
dōu zhān mǎn le nǎi yóu
都沾满了奶油。

qǐng ràng wǒ kuài kuài zhǎng dà ba bǎo bèi zhū qí qiú zhe hēi
“请让我快快长大吧！”宝贝猪祈求着。嘿！
xiǎng bu dào bǎo bèi zhū zhēn de zhǎng dà le yī diǎnr tā zhōng yú kě yǐ ná
想不到宝贝猪真的长大了一点儿，他终于可以拿
dòng sháo zi le tā yī sháo yī sháo de chī zhe xuě gāo gǎn jué tè bié měi wèi
动勺子了。他一勺一勺地吃着雪糕，感觉特别美味。

gāi chī wǎn fàn le bǎo bèi zhū zhèng xiǎng ràng mā ma wèi dàn zhuǎn niàn
该吃晚饭了，宝贝猪正想让妈妈喂，但转念
yī xiǎng hái shi jué dìng zì jǐ chī hēi tā yòu biàn dà le yī diǎnr
一想还是决定自己吃。嘿！他又变大了一点儿。

zhè xià tā kě yǐ pāi dòng pí qiú le
这下，他可以拍动皮球了。

hái shi zhǎng dà hǎo ya bǎo
“还是长大好呀！”宝

bèi zhū xīn xiǎng cóng cǐ tā bù zài
贝猪心想。从此，他不再

děng zhe mā ma lái bāng zì jǐ zuò
等着妈妈来帮自己做

shì le tā xué huì le zì jǐ
事了，他学会了自己

xǐ zǎo chuān yī fu dié bèi
洗澡、穿衣服、叠被

zi shuā yá
子、刷牙……

qǐng ràng wǒ kuài diǎn zhǎng dà ba bǎo bèi zhū tiān tiān qí qiú zhe
“请让我快点长大吧！”宝贝猪天天祈求着，

yàng yàng shì qing dōu zhēng zhe zuò hēi tā yī diǎn diǎn de biàn dà le
样样事情都争着做。嘿！他一点点地变大了。

xiàn zài bǎo bèi zhū yǐ biàn chéng le yī zhī zhuàng shi de xiǎo zhū chéng
现在，宝贝猪已变成了一只壮实的小猪，成

le zhū mā ma de hǎo bāng shou ne
了猪妈妈的好帮手呢。

（文/张炜儿）

长大是一件美妙的事情，完全不必害怕和逃避。长大之后，我们可以自己的事情自己做，也可以帮助一直为我们辛劳的父母。

喂喂猴

máo máo hóu tīng shuō sēn lín li lái le yī
毛毛猴听说森林里来了一
gè wèi wèi hóu tā hěn xiǎng rèn shi zhè ge xīn
个喂喂猴，他很想认识这个新
péng you jué dìng qù zhǎo zhǎo wèi wèi hóu
朋友，决定去找找喂喂猴。

máo máo hóu yuǎn yuǎn kàn dào māo xiǎo mèi
毛毛猴远远看到猫小妹，
biàn wèn dào wèi nǐ jiàn guo wèi wèi hóu ma
便问道：“喂，你见过喂喂猴吗？”

māo xiǎo mèi zhòu zhòu méi shuō wèi wèi hóu a tā bèng bèng tiào tiào
猫小妹皱皱眉说：“喂喂猴啊，他蹦蹦跳跳
de
的……”

nà hé wǒ chà bu duō máo máo hóu
“那和我差不多！”毛毛猴
méi děng māo xiǎo mèi shuō wán jiù pǎo le
没等猫小妹说完就跑了。

máo máo hóu yòu wèn zhū xiān sheng
毛毛猴又问猪先生：
wèi nǐ jiàn guo wèi wèi hóu ma
“喂，你见过喂喂猴吗？”
zhū xiān sheng tuī le tuī yǎn jìng
猪先生推了推眼镜

shuō wèi wèi hóu a tā bèng bèng tiào
说：“喂喂猴啊，他蹦蹦跳
tiào de hěn ài chī táo zi
跳的，很爱吃桃子……”

zhū xiān sheng de huà hái méi shuō wán máo máo hóu yòu pǎo le
猪先生的话还没说完，毛毛猴又跑了。

shān pō shang xiàng bó bo zhèng zài jiāo shù máo máo hóu dà shēng de wèn
山坡上，象伯伯正在浇树，毛毛猴大声地问：
wèi nǐ jiàn guo wèi wèi hóu ma
“喂，你见过喂喂猴吗？”

á xiàng bó bo yī xià zi méi tīng qīng chu lǎo le ěr
“啊……”象伯伯一下子没听清楚，“老了，耳
duo bù hǎo shǐ le
朵不好使了！”

máo máo hóu yòu wèn le yī biàn xiàng bó bo zhè cái bù jǐn bù màn
毛毛猴又问了一遍。象伯伯这才不紧不慢
de shuō wèi wèi hóu a tā bèng bèng tiào tiào de
地说：“喂喂猴啊，他蹦蹦跳跳的……”

tīng shuō tā hái hěn ài chī táo zi
“听说他还很爱吃桃子

ne máo máo hóu qiǎng zhe shuō
呢！”毛毛猴抢着说。

shì a tā hái xǐ huan dǎ
“是啊！他还喜欢打
duàn bié rén de huà jiàn rén jiù wèi
断别人的话，见人就喂
wèi wèi de jiào xiàng bó bo màn
喂喂地叫。”象伯伯慢
yōu yōu de shuō
悠悠地说。

hā hā tā hái zhēn xiàng wǒ ya máo máo hóu dà xiào qǐ lái
“哈哈！他还真像我呀！”毛毛猴大笑起来。
bù guò tā hěn kuài jiù liǎn hóng le xīn xiǎng yuán lái wǒ yào zhǎo de wèi wèi
不过，他很快就脸红了，心想：原来我要找的喂喂
hóu jiù shì zì jǐ ya
猴，就是自己呀！

cóng cǐ sēn lín li zài yě méi tīng shuō guo wèi wèi hóu le yīn wèi
从此，森林里再也没听说过喂喂猴了，因为
ya máo máo hóu biàn chéng le yǒu lǐ mào de guāi guāi hóu
呀，毛毛猴变成了有礼貌的乖乖猴！

（文/张炜儿）

每个人都有名字，“喂”可不是个礼貌的称呼。我们要做个有礼貌的好孩子，遇到人要亲切地问好，这样才能惹人喜爱。

图书在版编目（CIP）数据

小童话大道理 / 幼狮文化编. 一杭州：
浙江少年儿童出版社，2017.1
（七彩童书坊）
ISBN 978-7-5342-9752-6

Ⅰ.①小… Ⅱ.①幼… Ⅲ.①童话－作品集－世界
Ⅳ.①I18

中国版本图书馆CIP数据核字（2016）第304983号

七彩童书坊

XIAO TONGHUA DA DAOLI

小童话大道理

编 / 幼狮文化
插画 / 贝贝熊工作室
责任编辑 / 徐洁
文字编辑 / 刘梦瑶
美术编辑 / 楼迎春
责任印制 / 吕鑫
浙江少年儿童出版社出版发行
杭州市天目山路40号 310013
深圳市福圣印刷有限公司印刷
全国各地新华书店经销

开本 / 889mm × 1168mm　1 / 24
印张 / 5.5
印数 / 1-10120
字数 / 89400
2017年1月第1版
2017年1月第1次印刷
书号 / 978-7-5342-9752-6
定价 / 18.00元
服务热线 / 020-38312206
幼狮官网 / yosbook.com